中华文明突出
特性研究丛书

06

以和为贵

中华文明的和平性文献选读

向玉乔 —— 主编

向玉乔
关　朝
唐蕴轩 —— 编著

岳麓书社·长沙

图书在版编目(CIP)数据

以和为贵:中华文明的和平性文献选读/向玉乔,关朝,唐蕴轩编著.—长沙:岳麓书社,2024.4
(中华文明突出特性研究丛书/向玉乔主编)
ISBN 978-7-5538-2069-9

Ⅰ.①以… Ⅱ.①向…②关…③唐… Ⅲ.①文化史—文献—汇编—中国 Ⅳ.①K203

中国国家版本馆 CIP 数据核字(2024)第 089176 号

YI HE WEI GUI:ZHONGHUA WENMING DE HEPINGXING WENXIAN XUANDU

以和为贵:中华文明的和平性文献选读

丛书主编:向玉乔
编　　著:向玉乔　关　朝　唐蕴轩
出 版 人:崔　灿
出版统筹:马美著
策划编辑:刘　文
责任编辑:冷金成
责任校对:苏　钢
封面设计:谢　颖

岳麓书社出版发行
地址:湖南省长沙市爱民路47号
直销电话:0731-88804152　0731-88885616
邮编:410006

版次:2024 年 4 月第 1 版
印次:2024 年 4 月第 1 次印刷
开本:880mm×1230mm　1/32
印张:8.25
字数:188 千字
书号:ISBN 978-7-5538-2069-9
定价:78.00 元

承印:湖南天闻新华印务有限公司

如有印装质量问题,请与本社印务部联系
电话:0731-88884129

总序——

坚定中华文明自信

　　实现中华民族伟大复兴是全体中国人民的共同心愿。伟大复兴之大局与世界百年未有之大变局复杂交织，中华民族的复兴之路必定充满挑战和坎坷。要实现伟大复兴，中华民族应该坚持以习近平新时代中国特色社会主义思想为指导，坚持中国共产党领导，展现应对复杂国际局势和巨大风险挑战的决心、智慧和能力，坚定道路自信、理论自信、制度自信、文化自信、文明自信、历史自信。文明自信是最核心、最重要的自信，是中华民族道路自信、理论自信、制度自信、文化自信、历史自信的轴心和支柱，能够为中华民族实现伟大复兴提供正确思想理念引领、正确价值观念引领和正确理想信念引领。

一、中华文明因中华民族而兴

中华民族是中华文明的创造者、传承者和发展者，是中华文明的主体，其创造、传承和发展中华文明的主体性不容置疑。中华文明之所以具有强大影响力、感召力、塑造力、引领力、凝聚力、辐射力、发展力，这首先得力于中华民族的文明主体性。没有中华民族的文明主体性和积极创建文明的主体作用，就没有中华文明的繁荣发展。

中华民族的文明主体性是在创造、传承和发展中华文明的历史进程中锤炼而成的。中华民族在中华大地上繁衍生息，开天辟地，战天斗地，砥砺前行，积极进取，奋发图强，展现了自立、自强、自信的集体性精神品质，形成了无比强大的文明主体性，建构了具有突出连续性、创新性、统一性、包容性、和平性的中华文明，为人类文明进步做出了卓越贡献。

中国共产党的坚强领导极大地增强了中华民族的文明主体性。中华民族创造了辉煌灿烂的古代文明，尤其是凭借四大发明闻名于世，古代中国也因此而位居世界四大文明古国之列，但由于在明清时期故步自封、夜郎自大、缺乏国际视野，中华文明在近代陷入前所未有的生存危机。中国共产党在国家蒙辱、人民蒙难、文明蒙尘的紧要关头诞生，将马克思主义引入中国，正确认识和处理马克思主义与中国国情、中华文化的关系问题，坚持把马克思主义基本原理同中国具体实际相结合、同中华优秀传统文化相结合，上下求索，积极作为，开创了中华文明发展新局面。在中国共产党坚强领导下，中华民族的文化自信和文明自信空前高涨。

党的十八大以来，习近平同志高瞻远瞩，对中华民族伟大复兴战略全局和世界百年未有之大变局复杂交织的国内外形势作出正确判断，"对关系新时代党和国家事业发展的一系列重大理论和实践问题进行了深邃思考和科学判断，就新时代坚持和发展什么样的中国特色社会主义、怎样坚持和发展中国特色社会主义，建设什么样的社会主义现代化强国、怎样建设社会主义现代化强国，建设什么样的长期执政的马克思主义政党、怎样建设长期执政的马克思主义政党等重大时代课题，提出一系列原创性的治国理政新理念新思想新战略"①，创立了习近平新时代中国特色社会主义思想。习近平新时代中国特色社会主义思想是中国式现代化和新时代中国特色社会主义建设事业的指导思想，是建设中华民族现代文明和推动构建人类命运共同体的指导思想。自从有了习近平新时代中国特色社会主义思想的正确指导，中华民族以更加自信、更加豪迈的态度推进中国式现代化、新时代中国特色社会主义、中华民族现代文明和人类命运共同体建设，并且在各个领域取得显著成效和巨大成就。

中华民族的文明主体性是中华文明繁荣发展的根本支撑。它凝结着中华民族创造、传承和发展中华文明的自觉性、能动性、创造性，体现了中华民族坚持铸牢民族共同体意识、坚持始终如一、坚持多元一体、坚持团结奋斗、坚持同生共荣、坚持心系世界、坚持造福全人

---

① 中共中央关于党的百年奋斗重大成就和历史经验的决议[M].北京：人民出版社，2021：25—26.

类的集体品格，彰显了中华民族以理服人、以文服人、以德服人的文明观。

二、中华民族因中华文明而荣

中华文明是中华民族的根和魂。它一旦形成，就一直为中华民族源源不断地提供思想理念引领、价值观念引领和理想信念引领，是中华民族发展壮大、行稳致远的强大精神支撑。

伟大的中华文明造就了伟大的中华民族。一个民族主要是因为它创造了伟大文明而变得伟大。中华文明源远流长、博大精深，具有广泛而强大的国际影响，这不仅说明它具有不容忽视的巨大价值，而且给中华民族带来了耀眼夺目的荣光。

中华文明的悠久历史赋予中华民族深切的历史感。一个民族不能没有文明历史感。文明历史感不仅是一种集体记忆，而且是人类生存意义的主要来源。一个没有文明历史感的民族是无法找到其生存意义的。在当今世界，很多民族因为文明中断而缺乏文明历史感。中华文明历史悠久，不仅仅给中华民族提供了精深厚重、丰富多彩的历史记忆，更重要的是为中华民族提供了深厚而强烈的历史感和生存意义感。

中华文明的持续发展赋予中华民族巨大的成就感。每一个民族都需要有成就感。巨大的成就感，不仅让一个民族具有光荣的集体记忆，而且能够为它的进一步发展提供强大动力。有些民族可能将自己的成就感建立在占领其他民族的领土上，有些民族可能将自己的成就感建立在遏制其他民族的发展上，有些民族可能将自己的成就感建立在民族利己主义行径上，而真正能够让一个民族具有最大成就感的是它所创造的文明。伟大的中华文明是中华民族弥足珍贵的传家宝，是中华民族成就感的根本来源。

中华文明的思想精髓赋予中华民族强烈的幸福感。并非每一个民族都能够享有历史悠久、底蕴深厚、一脉相传的文明。中华文明源远流长、赓续不断、精深厚重，蕴藏于中华优秀传统文化、中国革命文化和中国社会主义先进文化之中，是一个取之不尽用之不竭的智慧宝库，能够给中华民族提供正确世界观、历史观、国家观、人生观、价值观、文明观的启迪，能够给中华民族提供理论智慧和实践智慧的启迪，能够给中华民族提供自强不息、厚德载物、与人为善、以和为贵、团结奋斗、共同发展、胸怀天下、登高望远的道德观启迪。

中华文明是中华民族的共有精神家园。它是中华民族集体记忆的核心内容，是中华民族开拓精神、创造精神、奋斗精神、革命精神、改革精神、伦理精神的结晶，是中华民族生存经验和发展智慧的精华，是中华文化的精髓。只要秉着虚心向先辈学习、向过去学习、向历史学习、向传统学习、向记忆学习的正确态度，我们就能够不断从中华文明中汲取正确看世界的思想智慧、安身立命的人生智慧和造福人民的治国理政智慧。

三、中国因中华文明而强

文明强，则国强；文明弱，则国弱。中华文明的历史演进跌宕起伏，中国的发展历史也呈现为一个时强时弱的过程。中国的发展状况与中华文明的发展状况密切相关，中国的命运也总是与中华文明的命运紧密相连。

中华文明是中国发展状况的风向标。每逢重大历史事件，中国的状况都会通过中华文明的存在格局得到集中体现。经过春秋战国时期的长期战乱，饱受战乱之苦的中华民族渴望实现国家统一，中华文明的统一性对中华民族发挥了价值引领作用，这是秦始皇能够统一中国的民心基础、思想基础。时至近代，外国列强的轮番侵略曾经让中华民族的文明自信受到严重打击，这是中国陷入近代危局的最深层原因。当然，随着中华民族重拾文明自信，中国最终又摆脱了危机，再次雄踞世界东方。

中华文明是中国心。在中国，每当张明敏的爱国主义歌曲《我的中国心》唱起，中华儿女就会热血沸腾、群情激昂。之所以如此，是因为爱国主义是中华民族精神的核心，也是中华文明的核心。中华文明培养了屈原、岳飞、文天祥、戚继光、郑成功、林则徐、李四光、钱学森等伟大爱国者，培养了孙中山、毛泽东、朱德、周恩来、刘少奇等为中国发展鞠躬尽瘁的革命家，培养了蔡和森、缪伯英、杨开慧、刘胡兰等为救国救民而光荣牺牲的革命烈士。他们是中国的脊梁，是中华文明精神的杰出代表。

中华文明是中国魂。中华文明具有物质文明、政治文明、精神文明、社会文明、生态文明等多种形态，但贯穿于这些文明形态之中的是中华民族在历史上形成的正确思想理念、价值观念和理想信念。由于具有正确思想理念、价值观念和理想信念的引导，中国总是能够站在历史正确的一边来谋求自身的发展，总是能够在谋求自身发展的同时心系人类的命运和世界的前途，总是能够坚定不移地走和平发展道路。

中华文明是中国的精神支撑。中华文明在，中国心就在，中国魂就在。国家强大时，中华文明会引导中华民族学习水的美德，做人如水，谦虚谨慎，戒骄戒躁，善利万物而不争，多做有利于人类文明进步的善事，而不是霸道逞强、恃强凌弱、横行天下。国家衰败时，中华文明会引导中华民族学习山的美德，做人如山，坚韧挺拔，自强不息，团结奋斗，积极作为，而不是悲观绝望、自暴自弃、无所作为。无论处于顺境还是逆境，中华民族都能够从中华文明中获取自立、自强、自信的精神力量，都能够从中华文明中获取建设强大国家的不竭动力。中华文明是伟大的中华民族建设伟大中国的底气、志气和骨气所在。

中华文明给中国注入的主要是精神力量，这就是强大的中国精神。中国精神是中华文明的精神内核，是具有中国特色的思维方式、思想理念、价值观念、理想信念、文化传统、实践智慧等构成的一个集体性精神体系，是中华民族繁衍发展、不断壮大的强大精神支撑。它包括阴阳对立统一的辩证思维、尊天法地的思想理念、以德为本的价值观念、求大同的理想信念、以伦理为主导的文化传统、实事求是的实践智慧等等。

四、世界因中华文明而利

中华民族是人类大家庭的重要成员，中国是世界共同体的重要组成部分，中华文明是人类文明体系的重要内容。中华文明的发展状况，不仅决定着中华民族和中国的历史、现状和未来，而且与人类大家庭、世界共同体、人类文明体系的历史、现状和未来息息相关。

古代中国的四大发明不仅极大地提高了世界科技水平，而且从根本上影响了人类文明的发展格局。造纸术、指南针、火药、印刷术的发明及其在世界范围内的广泛传播，既造福中国人民，也造福其他国家的人民。

古代中国的丝绸之路不仅加强了中国与其他国家的经贸往来和文化交流，而且促进了人类文明的交流互鉴。中国的丝绸、茶叶、瓷器等商品通过丝绸之路输送到亚洲、欧洲国家，让很多国家的人民共享了中华文明发展的成果。

当今中国的改革开放不仅从根本上激发了中国人民的创造智慧和能力，而且拉动了世界经济的增长。通过改革开放，中国人民实现了"富起来"的发展目标，迎来了"强起来"的光明前程，拥有了前所未有的存在感、获得感和幸福感，同时为世界经济增长提供了巨大动力，给世界人民带来了巨大福祉。中国制造的商品遍布世界各国，使世界各国人民分享到了中国经济发展的丰硕成果。

中国全面建成小康社会为世界消除贫困做出巨大贡献。贫困是困扰人类的全球性问题。消除贫困是世界各国人民的共同愿望。十四亿多中国人民在中国共产党的坚强领导下完成脱贫攻坚重任，整体迈入小康社会，致力于追求全体人民共同富裕的美好生活，既极大地减轻了世界消除贫困的压力，又为其他国家解决贫困问题提供了可借鉴的成功经验。

中国坚持走和平发展道路是世界的福音。中华文明是和平型文明。中华民族具有以和为贵的思想传统，也一直坚持走和平发展道路。中国式现代化是走和平发展道路的现代化。中国不谋求通过战争、殖民、掠夺等方式实现现代化，坚持高举和平、发展、合作、共赢旗帜，坚决维护世界和平，致力于推动构建共商共建共享的全球治理体系，以自身的和平发展增进世界和平、促进世界发展，为世界人民享有和平做出重要贡献。

推动构建人类命运共同体的中国方案为世界发展指明了正确方向。在当今世界，单边主义、极端利己主义、霸权主义大行其道，加剧了国与国、民族与民族之间的矛盾和冲突，使世界陷入严重的分裂和动荡。在此国际背景下，中国提出构建人类命运共同体的方案，主张弘扬和平、发展、公平、正义、民主、自由的全人类共同价值，倡导多边主义、共同发展和文明交流互鉴，全力维护国际公平正义，呼吁世界各国重视解决日益加剧的和平赤字、发展赤字、安全赤字、治理赤字问题，为世界未来发展指明了正确方向。

世界因中华文明而利。中华文明具有突出的友好性、包容性、和平性，是友好型文明、包容型文明和和平型文明。这样的文明塑造了中华民族热爱和平、维护和平、坚持走和平发展道路的本性，塑造了中国反对一切形式的霸权主义和强权政治、反对冷战思维、反对干涉别国内政、反对搞双重标准以及主张尊重各国主权和领土完整、尊重国家平等、尊重各国人民自主选择发展道路和社会制度的品格，既有利于增进世界和平、促进世界共同发展、提高人类福祉，又有利于引导人类文明进步、加强世界文明交流互鉴、提升整个世界的文明水平。

目录

001 **导　论**

012 **第一章　执两用中、守中致和的思维方法**
014 　第一节　天道至中，中行无咎
023 　第二节　人道尚中，择乎中庸
033 　第三节　中和天下，其德大盛

043 **第二章　人心和善、群己合一的道德信念**
045 　第一节　仁礼存心，和气致祥
054 　第二节　修己安人，成人达己
062 　第三节　厚德载物，明德弘道

071 **第三章　和而不同、共生并进的价值追求**
073 　第一节　和实生物，同则不继
082 　第二节　君子之和，刚健中正

092　第三节　海纳百川，美美与共

100　**第四章　讲信修睦、亲仁善邻的交往之道**
102　第一节　与邻为善，以邻为伴
109　第二节　以诚往之，以义属之
116　第三节　睦邻友邦，四海会同

123　**第五章　为政以德、抱德炀和的政治传统**
125　第一节　王夺之人，霸夺之与
134　第二节　以德为官，以德新民
145　第三节　敬德保民，政通人和

155　**第六章　保合太和、止战兴仁的军事思想**
157　第一节　好战必亡，忘战必危
166　第二节　止戈为武，以和邦国

174 第三节 道义至上，仁者无敌

186 **第七章 天人合一、万物并育的生态理念**
188 第一节 天人之际，合而为一
198 第二节 天地中和，化育万物
206 第三节 民吾同胞，物吾与也

217 **第八章 交通成和、协和万邦的社会理想**
219 第一节 独学无友，和融致远
226 第二节 和衷共济，命运与共
233 第三节 大道之行，天下为公

240 **参考文献**

导论

中华文明具有突出的和平性,是一种和平型文明。自古以来,中华文明始终以和平、和睦、和谐为底色,长期向世界人民传播"以和为贵""和而不同""和融致远"的价值理念和思想智慧,深刻彰显出中华民族致力于实现"协和万邦""天下大同"的崇高理想和美好愿景。中华民族是追求和平的民族,中华文明是崇尚和平的文明。在中华民族悠久的发展历程中,"和平"既是无数文人墨客企盼的精神境界,也是寻常百姓真挚的生活期许;既是社会发展进步的基础与保障,也是民族迈向复兴的动力与底气。中华文明正是在中华民族千百年来广泛且深刻的和平追求与和平实践中,最终被塑造为一种独具魅力、价值斐然、影响深远的和平型文明。作为中华文明的突出特性之一，和平性是我们深入理解中华民族所特有的价值理念、思维方法与实践逻辑的关键着眼点之一，是我们更好建设中华民族现代文明不可或缺的重要思想资源和价值支撑，是我们携手世界人民共同构建人类命运共同体的精神底色和现实追求。

中华文明的和平性深刻表现在中华民族立足自身、关注现实、面向世界的精神建构和实践探索中。其一，中国古代先民在长期的生产生活实践中，将天道与人道联系起来，主张人道应当以天道为本，人们要努力认识天道、顺应天道。天道运行所呈现出的中和品格成为人道发展的应然之理，尚中贵和的天道观在先民们漫长的实践探索中被总结为执两用中、守中致和的思维方法。中国古人深刻认识到人的社会属性，长期倡导人心和善、群己合一的道德信念，为人道能够内化于心、外化于行奠定了坚实的人性基础。承认并尊重现实世界的多样性是我们开展实践活动的前提，中华民族始终以和而不同、共生并进为价值追求，主张尊重差异、理解个性、和谐共生。其二，中华文明的和平性不仅在传统人道观上得到充分彰显，而且生动体现在人与人、人与社会、国与国之间的现实交往过程中。讲信修睦、亲仁善邻的交往之道是中华民族对待他人与世界的基本原则，人际关系以及国际关系的建构与发展都以此为价值遵循。为政以德、抱德炀和的传统价值理念则是天道的中和品格在现实政治领域的生动写照，王道德政由此成为中国传统政治文明中的最高追求。中华民族始终坚守和合之道，即使面对战争，也以保合太和、止战兴仁的军事思想为指导，在保家卫国的基础上强调止戈为武、仁者无敌。其三，中华民族的思想智慧从未止步于家国之内，而是致力于反思全人类的生存与发展等根本问题。如何处理人与自然的关系关涉人类自身的存亡，天人合一、万物并育的传统生态理念便为人类社会永续发展提供了中国智慧和中国方案。天下大同是中华民族千百年来对人类社会发展的美好期许，交通成和、协和万邦的社会理想展现出中华文明宏阔的担当精神和无穷的价值魅力。

中华文明的和平性源自中华民族崇尚和平的民族特性。具体来说，中华民族独特的生产模式、地理环境和文化传统奠定了中华文明和平性的民族基因。首先，从农耕生产的视角来看，中华民族自古以来的农耕生产方式培育了人们对土地的深厚情感和对和谐稳定的天然向往。农耕生产依赖于稳定的环境和有序的社会秩序，冲突和战乱对农耕生产造成严重破坏，因此，崇尚和平、维护安定成为农耕社会的根本需求。这种对和平的内在需求促使中华民族在处理内部矛盾和对外交往时，更多采用调解、协商的方式来解决问题，而非轻易诉诸武力。其次，中华大地的地理环境在一定程度上也影响了文明的和平属性。地理条件的多样性和相对封闭性使得各地区间形成了相对独立而又相互依存的文化圈，彼此间的交流和互动更多的是通过贸易、婚姻、文化交融等方式进行，而非频繁的军事征服。地域间的适度隔离减少了不必要的冲突，而连接各地区的交通网络和商业路线则促进了和平交流与合作。最后，中华文化本身的传统价值观孕育了和平主义的种子。诸如儒家倡导的"和为贵""中庸之道"，道家的"无为而治""天人合一"，佛家的"慈悲为怀"等理念深入人心，这些都强调和谐共生、相互尊重，以及通过对话协商而非暴力对抗解决纷争。这些哲学思想在外交政策上体现为"协和万邦""天下一家"的理念，强调各国和睦相处，共同发展。中国人所独有的天人合一的宇宙观、协和万邦的国际观、和而不同的社会观以及人心和善的道德观由此绵延千年，成为一以贯之的交往之道和处世智慧。可见，中华文化自被中华民族创造以来，长期影响并深刻塑造着中华民族的民族气质和民族品格，助推着中华民族对于和平的永恒追求。

中华文明的和平性植根于中华民族以和为贵的思想传统。这一观念在古代思想体系中得到了深入的阐述与发展，体现在人与人、群体与个体、国与国乃至人与自然等多个层面的和谐共处与协调发展中。在人与人、群体与个体的互动方面，古代哲学家提倡的"群己之辩"实际上是对个人利益与集体利益关系的深度思考，强调个人价值的实现应当与群体的整体和谐相统一，倡导通过"和合"来协调不同个体之间的利益关系，达到"群己合一"的境界。这种集体主义和平观鼓励人际交往中的包容、理解和协作，形成了一种追求各得其所、互惠互利的群己关系。在国与国的关系上，"和同之辩"体现出对国际关系的深刻洞察，主张摒弃绝对的对立与冲突，提倡不同国家间应该遵循"和而不同"的原则，即承认并尊重各自独特性的同时寻求共同的利益点和价值共识。这种观点提倡以和谐的方式解决分歧，避免战争与冲突，为中国古代的政治哲学奠定了和平共处、协和万邦的基础。而在人与自然的关系上，中华文明强调的是"天人合一""物我和谐"的理念，认为人应当顺应自然规律，与自然环境保持和谐共生的状态，体现了对生态平衡和可持续发展的深切关注。总的来说，中华文明的和平性体现在其对人际关系、国际关系以及人与自然关系和谐的不懈追求中，这种追求源于深层次的哲学思考和文化积淀，构成了中华文明鲜明的和平基因和持久的历史特质。无论是"群己和睦""邦国和平"还是"物我和谐"，都是中华文明对和平理念的具体诠释与实践，它们相互支撑、互为因果，共同构筑了中华文明深沉而博大的和平底蕴。

中华文明的和平性脱胎于中华民族追求和谐共处、和平发展的实践历程中。在处理国家间关系时，古代思想家提出的诸如"化干戈为玉帛""止戈为武"等观点，揭示了崇尚和平而非暴力解决问题的理念，这成为了中国对外政策和国家间交往的重要原则。基于"以和为贵""和衷共济"以及"天下大同"的理念，中华文明发展出了"协和万邦"的思想体系。它强调各国间的相互尊重、合作共赢和共同繁荣，力求在全球范围内实现各国之间的和平共处，体现了中华文明对于国际秩序和谐稳定的深远考量。孔子的"贵和"理念，强调仁爱、和谐及道德教化的作用，主张通过提升自身文化和道德水平来吸引远方的人归附，而非依靠武力征服。"远人不服，则修文德以来之"，意味着中华文明注重通过文明交流、德行感化来化解矛盾，增进友谊。墨子的"非攻"实践进一步丰富了这一和平主义思想，他主张平等对待弱小国家，反对恃强凌弱，倡导诚实交往，旨在构建一个公正公平、和谐共生的国际环境。《周礼》所述"以和邦国，以谐万民，以安宾客，以说远人"则勾勒出一种全方位的和平外交蓝图，旨在通过和平手段实现国内外稳定，促进民族融合与国际合作。历史上，诸如张骞出使西域推动丝绸之路的发展，郑和七下西洋践行和平友好外交，都展现了中华文明在实际外交行动中坚持和平共处原则，积极倡导贸易往来与文化交流，而不是领土扩张和武力征服。"和衷共济"作为中华传统文化的核心价值理念，不仅适用于国内民众团结一心应对困难，也适用于推广至国际交往中，倡导各国在面对全球性挑战时应携手合作、共同应对，体现了中华文明对于团结互助、同舟共济的高度重视。总的来说，中华文明的和平性在个体存在、群体互动直至国家间交往等多个层面都有深刻的体现，这一特性来源于中华民族长期以来的实践经验与哲学思考，是中华文明对世界和谐稳定做出的独特贡献。应当看到，正是在长期的实践交往历程中，中华民族才深刻认识到只有和平相处才能共同发展，只有和衷共济才能共享太平。通过不断弘扬和平、包容、合作的精神，中华文明持续推动着世界各国共同迈向和平发展的道路。

中华文明突出的和平性，从根本上决定了中国始终是世界和平的建设者、全球发展的贡献者、国际秩序的维护者。中华文明的和平性作为其深层的文化基因和历史积淀，构成了在国际舞台上扮演重要角色的中国的核心理念。五千年的悠久历史中，中华文明孕育出了深厚的和平思想，从"执两用中、守中致和"的思维方法到"和而不同、共生并进"的价值追求，再到"交通成和、协和万邦"的社会理想，这些思想体系无不凸显出和平、和谐、和睦的价值取向，成为中华文明面向世界的鲜明标识。从根本上说，中华文明突出的和平性，决定了中国在全球舞台上的角色定位和行动准则。中国始终坚持走和平发展道路，坚决摒弃某些国家依赖的武力征服和霸权主义模式，转而采纳老子"以道佐人主者，不以兵强天下"的哲学智慧，坚信通过共同发展、相互尊重与合作共赢才能实现真正的强大和持久的和平。在对外政策实践中，中国展现出了和平理念的坚定执行者的形象。作为一个负责任的大国，中国不仅积极参与全球和平进程，做出包括参与维和行动、冲突调解、反恐合作等多方面的努力，而且积极推动经济全球化和区域合作，通过"一带一路"等平台助力全球发展，尤其关注广大发展中国家的需求，共享发展机遇，为缩小南北差距、促进全球经济增长做出了显著贡献。与此同时，中国在维护国际秩序方面也不遗余力，致力于推进国际治理体系变革和完善,倡导建立更加公正合理的国际秩序。中国支持联合国在国际事务中的核心作用,尊重各国主权和领土完整,坚持通过对话协商解决争端,反对单边主义和强权政治,力求构建以合作共赢为核心的新型国际关系,以及人类命运共同体的新愿景。中华文明的和平性深刻影响了中国的国家战略选择和国际行为逻辑,使其始终保持在国际事务中的建设性和积极性,以期在复杂多变的世界格局中,携手世界各国,共同开创持久和平、普遍安全、共同繁荣、开放包容、清洁美丽的新世界。

中华文明突出的和平性,从根本上决定了中国不断追求文明交流互鉴而不搞文化霸权。中华文明以其深邃的历史渊源和丰富的人文内涵,凸显出一种超越时空、普适于古今的和平性特质。这一和平性如同文明发展的基石,从根本上界定了中国在文化交流与互动中的立场与态度,即始终秉承开放包容、互学互鉴的原则,坚决抵制任何形式的文化霸权行为。自古以来,中华文明便以其海纳百川的胸怀接纳和融合多元文化元素。早在春秋战国时期,诸子百家的思想争鸣中,已然孕育出了一系列富含和平理念的主张。儒家倡导追求人与人、族与族之间的和谐共处;墨家主张无差别的博爱与和平相处,反对暴力征伐;道家则强调顺应万物本性,尊重各文化体系的独特性与多样性。这些深入人心的哲理,为后世留下了宝贵的精神财富,奠定了中华文化尊重和包容其他文明的基础。进入现代社会,中国继续传承和发扬这一和平性传统,积极推动文明交流互鉴,倡导"和羹之美，在于合异"的理念，强调不同文明之间的交融互补、和谐共生，而非对抗与冲突。在全球化日益深入的今天，中国坚持在文化交流中秉持平等对话、互相尊重的原则，鼓励不同文明之间的深度对话与理解，通过借鉴吸收世界各地的优秀文化成果，进一步激发自身文明创新的活力，同时也为全球文明的进步注入源源不断的动力。中华文明突出的和平性不仅是中国在国际文化交流中扮演积极建设者角色的根本原因，更是引导中国在全球范围内推动构建人类命运共同体，寻求不同文明和谐共生、共同繁荣的重要理念支撑。这一和平性不仅体现在对待本国多元文化的包容并蓄上，更反映在对外文化交流的广阔舞台上，使得中国始终致力于成为全球文明交流互鉴的积极推动者，而非文化霸权的信奉者或追随者。

中华文明突出的和平性，从根本上决定了中国不会把自己的价值观念与政治体制强加于人。中华文明的和平性并非一时一刻的权宜之计，而是深深植根于华夏大地，流淌在炎黄子孙血液中的文化基因，从根本上决定了中国在世界舞台上所展现出的是温和、包容与共赢的姿态。中华文明历来倡导以和为贵，以包容万象的态度看待世间万物的发展与变迁。孔子曰"和而不同"，意味着在尊重差异的基础上寻求共识，承认并接纳不同国家、不同文明、不同价值观念的共存。《礼记·中庸》的"万物并育而不相害，道并行而不相悖"则进一步阐明了中华文明坚持多元并存、和谐共生理念的坚定信念，这意味着中国尊重各国主权和各国独立选择自己发展道路的权利，不干涉他国内政，不强制输出自己的价值观念和政治体制。在当前全球化的时代背景下，中国凭借深厚的和平传统的指引，积极推动构建新型国际关系，倡导以和平、发展、合作、共赢为主旋律的全球治理新理念。中国坚信，各国应在平等尊重的基础上开展对话交流，分享发展经验，实现优势互补，共同应对全球性挑战，让世界因多元文明的碰撞交融而焕发新的生机与活力，从而为构建人类命运共同体奠定坚实的文化与价值基础。因此，中华文明的和平性是中国在全球化进程中引领潮流，推动世界和平发展，增进人类福祉的重要力量源泉。

  中华文明突出的和平性，从根本上决定了中国坚持合作、不搞对抗，决不搞"党同伐异"的小圈子。中华文明千百年来的和平理念，体现在中国对外交往及全球治理的各个方面，包括始终反对以强凌弱、以大欺小的霸权逻辑，坚决摒弃冷战思维和集团对抗，杜绝任何形式的"党同伐异"行为，力求打破国际关系中的封闭式阵营对立，倡导开放包容、互联互通的全球伙伴关系等。中华文明所倡导的互利共赢原则，源自对和谐共生理念的深刻理解和长久实践，强调国际社会中各国应当基于平等互信，通过深化务实合作、共享发展机遇，实现共同富裕和可持续发展。中国在全球化进程中，不仅自身受益于国际合作，更积极履行大国责任，推动全球经济治理体系改革，协助发展中国家提升能力，共同抵御全球性风险挑战，以此促进世界经济平衡、包容增长。人类命运共同体这一宏大构想，更是中华文明和平性在当代全球治理领域的集中体现。这一理念倡导世界各国人民命运相连、休戚与共,呼吁各国搁置分歧,聚焦共同目标,以文明互鉴替代文明冲突,以对话协商取代军事对抗,以互利共赢消除零和博弈。总之,中华文明的和平性不仅是中国外交政策的稳固基石,而且为解决当前全球面临的安全、发展、环境等复杂问题提供了全新的视角和思路。它既是中国自身和平崛起的战略选择,又是对全球治理模式和国际关系理论的重要贡献,为推动构建新型国际关系、迈向更加美好的未来提供了不可或缺的东方智慧和力量源泉。

第一章
执两用中、守中致和的思维方法

中华文明"尚中贵和"的思想传统源远流长。中国古代先民在漫长实践探索中，总结出一套以"中正""平和"为价值内核的生活哲学。其倡导的并非简单的折中主义或妥协态度，而是一种旨在规避极端、追求恰如其分的中和之美。这种美学与伦理的有机结合，犹如一把无形的标尺，引领着个体在人际关系的微妙互动中展现谦和宽容，在国家治理的宏大叙事中彰显公正稳健。"中和"这一承载着中华古老智慧的思想理念，寄寓着中华民族对人生和社会各领域矛盾冲突调和化解的深刻洞察，它敦促人们无论面临何种复杂境况，都应当秉持审慎之心，寻觅到不偏不倚、既无过分亦无欠缺的恰当应对之策，从而维系人际、社群乃至国际关系的和谐与稳定。当前，面对全球化浪潮的席卷与全球性挑战的交织，中华传统思想智慧并未因时光流转而黯淡，反而以其历久弥新的生命力，展现出与时代脉搏共振的现实价值。"中和"精神如同一座跨越时空的文化桥梁，为构建和谐国际关系、破解全球性难题提供了富有启迪性的思路与解决方案。这种强调均衡、和谐与可持续发展的思想理念，无疑为塑造一个更加包容、和平、公正的国际新秩序注入了不可或缺的精神力量，为人类社会共同迈向繁荣与进步的未来提供了宝贵的思想智慧。

第一节　天道至中，中行无咎

1. 天地之经，至东方之中而所生大养，至西方之中而所养大成，一岁四起业，而必于中。中之所为，而必就于和，故曰和其要也。和者，天之正也，阴阳之平也，其气最良，物之所生也。（《春秋繁露·循天之道》）

董仲舒继承了殷商以来"天命""天道"的思想，将"天"塑造为一个有意志的人格神。在他看来，"道之大原出于天，天不变，道亦不变"，不论是社会发展还是个体进步，都应当主动地认识天道、顺应天道以求得善果。"中"即合宜、适度之意，"和"即和谐、安泰之象，"中"与"和"不仅是万物生长的常道，还是天地运行的常道。世间万事万物之所以能够在天地之间生养繁盛，就在于天道内蕴着"中"的本性，四季变换、生灭变化皆是"中"之所为，而"和"的呈现则是天地本性得到充分彰显后的必然结果。可以说，由"中"而"和"是天道之正义、天命之当然。董仲舒的"天道观"深刻影响着中国社会传统价值观念的建构与发展，并长期为人们的日常生活实践提供本体依据和价值支撑。

2. 中者，天地之太极也，日月之所至而却也，长短之隆，不得过中，天地之制也。兼和与不和，中与不中，而时用之，尽以为功。是故时无不时者，天地之道也。顺天之道，节者天之制也，阳者天之宽也，阴者天之急也，中者天之用也，和者天之功也。（《春秋繁露·循天之道》）

作为天地运行的本然之态和应然之理，"中"成为了世间万物发展变化的限度和旨归。在董仲舒看来，尽管世间万物纷繁复杂、形象变幻、各有所居，但总是能够从天道层面得以理解和把握。换言之，天道统摄并涵养着世间万物，使一切特殊的、复杂的甚至矛盾的属性、因素和趋势都能够最终归于"中"、合于"中"，顺天而行、向道而行是天地间一切事物的应然趋向和使命。因此，人们对天道的探求和追求，实际上就是持"天之用"、化"天之功"，守中致和方得生生盎然之象。应当看到，中国古人对天道内涵的求索、对中和思维的建构、对行为修养的体察反映出中华民族通达天地又直抵生活世界的价值特质和处世智慧。

3. 我为女遂于大明之上矣，至彼至阳之原也；为女入于窈冥之门矣，至彼至阴之原也。天地有官，阴阳有藏，慎守女身，物将自壮。我守其一以处其和，故我修身千二百岁矣，吾形未常衰。（《庄子·在宥》）

庄子将"虚静恬淡"视为"道德之至""万物之本"，主张通过"坐忘""撄宁"的方法来使人能够"体道""得道"。"坐忘"即在静坐的过程中忘却一切外在事物，甚至忘却自身存在以达到超脱一切主观执念和客观限制的状态；"撄宁"即在接触纷繁外物的过程中却能够始终不为所动，保持内在的平静和祥宁。因此，庄子通过讲述"黄帝问道于广成子"的故事，向人们表明只有主动摒弃杂念思虑，抵制巧智执念的充盈，才有可能达到阴阳调和甚至与大道同一的理想境界。庄子对天和与人和、天道与得道的理解显然具有一定的唯心主义色彩和片面性，但这种超然的精神境界深刻影响了中国古代社会各阶层的价值追求，更强化了天人和谐、行道至和等理念的纯粹性与高尚性。

**4. 故万物必有盛衰，万事必有弛张，国家必有文武，官治必有赏罚。是以智士俭用其财则家富，圣人爱

宝其神则精盛，人君重战其卒则民众。民众则国广，是以举之曰："俭故能广。"（《韩非子·解老》）

中国古代思想家的修养工夫论往往建立在其宇宙本体论的基础上。在老子看来，天道是通过"无为"来统摄世间万物的，即"生而不有，为而不恃，长而不宰"。万事万物如果能够顺应天道，自然而然地生发成长，便能够显示出其各自秉持的本性和合宜状态。因此，葆有本性、贮藏精气、发挥本然才是人们处世的"中道"，才能够由中至和、返朴归真。如此看来，本段所言即在强调"盛衰""弛张""文武""赏罚"之间的恒常中正之道，此即老子所倡导的"慈""俭""不争"的行为取向。老子的修养工夫论是朴实无华、纯粹真挚的，其对纷繁人世间之精神家园的无私守候立意深刻、影响深远。

5. 克勤于邦，克俭于家，不自满假，惟汝贤。汝惟不矜，天下莫与汝争能；汝惟不伐，天下莫与汝争功。予懋乃德，嘉乃丕绩。天之历数在汝躬，汝终陟元后。人心惟危，道心惟微，惟精惟一，允执厥中。（《尚书·虞书》）

上文是舜帝对大禹的告诫与嘱托。尧舜禹是中国古史传说中的三位杰出帝王，他们的人格品性、治国理念和实践智慧被我们传颂至今，他们的事迹已然成为了中华文明的精神标识和文化精髓。在舜帝看来，上天之所以降大任于大禹，关键在于其高尚的道德品性和超然的处世智慧；因而唯有着眼大本大宗之要、保持审慎明察之心、始终践行中正之道，才能真正体悟天道、与道合一。"人心惟危，道心惟微"意指人性复杂难测且极易受到外界影响，而道是非常精妙的，人们需要不断求索才能辨其真义；"惟精惟一，允执厥中"强调个体修养必须专一精诚，秉行中正之道。这十六字心传被后世所熟知，它不仅是孔门儒学治世之道的核心要义，更在一定程度上彰显了中华道统之价值精义。

6. 乐者，天地之和也。礼者，天地之序也。和，故百物皆化；序，故群物皆别。乐由天作，礼以地制，过制则乱，过作则暴。明于天地，然后能兴礼乐也。论伦无患，乐之情也；欣喜欢爱，乐之官也。中正无邪，礼之质也；庄敬恭顺，礼之制也。（《礼记·乐记》）

礼乐制度起源于西周时期，是一套完备的社会教化体系。在古人看来，礼乐制度的创立根本上是天道秩序在人世间的展现，礼乐制度的合理性、合法性和权威性根源于天道的至高无上性及其天然的中正品格。圣人之所以要创立礼乐制度，即是因为意识到唯有顺应天道才能确保社会和顺安宁。良善的礼乐制度必然是天道精神在人世间的显化，整个社会由此长治久安，百姓由此德行高尚、尊道尚德。可以说，传统礼乐文化是在天人合一、天人相生的理念之基础上发展起来的，其逻辑在于

"和谐中正"的天道本性为人道的发展、演进乃至超越提供了坚实的价值支撑。礼的合伦理性与乐的合道德性深刻显示出古代圣贤对天道本性的持续体悟与追随以及崇道尚和的治世理念。

7. 天之道，其犹张弓与？高者抑之，下者举之；有余者损之，不足者补之。天之道，损有余而补不足。人之道，则不然，损不足以奉有余。（《道德经·七十七章》）

在老子的哲学思想中存在着对"人之道"和"天之道"的深刻对比。老子认为，人之道是指人为的、有为的行为，这些行为往往带有私欲和人为的干预，导致社会的不平等和混乱。相反，天之道是自然无为的，它遵循自然规律，不偏不倚，自然而然地达到一种平衡与和谐。自然界在维持平衡时，会自然而然地调整过度的部分，使之降低；对于不足的部分，则会补充，使之提升。这种调节是为了保持整体的和谐与平衡，而不是为了某个特定的目的或利益。老子提倡的"有道者"或"得道者"，是指那些理解并遵循自然道德规律的人。这样的人不会自恃其功，不会炫耀或自傲，而是保持谦卑、恭敬的态度。他们的行为不是为了个人的名利，而是为了顺应自然规律，实现与自然和谐共存。

8. 天地不仁，以万物为刍狗；圣人不仁，以百姓为刍狗。天地之间，其犹橐籥乎！虚而不屈，动而愈出。多言数穷，不如守中。（《道德经·五章》）

老子的天道观是道家哲学的核心。老子认为，宇宙万物的运行和存在都遵循自然规律，这是一种无为而治的自然状态。在这种状态下，天地并不进行有意识的干预，而是让万物按照其内在的规律自然发展和消亡。老子的"无为"并不是指什么都不做，而是指不进行人为的、强制性的干预。他强调顺应自然，让事物按照其自然的趋势发展。这种思想认为，当人们试图强加自己的意志于自然之上时，往往会导致失衡和混乱。"中道"在道家哲学中是一个重要概念，它指一种平衡的状态，既不过分也不不足。找到事物的"中道"意味着找到了它最自然、最和谐的状态。这种状态是相对稳定的，因为它符合自然规律。通过"守中"，即保持这种平衡，人们可以避免极端和冲突，达到内外和谐。

9. 持而盈之，不如其已；揣而锐之，不可长保。金玉满堂，莫之能守；富贵而骄，自遗其咎。功遂身退，天之道也。（《道德经·九章》）

这段话体现了道家哲学中关于简朴、自保和养生的思想。道家认为，过度追求名利和物质享受会导致内心的不安和外界的冲突，从而对人的精神和身体造成伤害。物极必反的道理告诉我们，任何事物发展到极点都会转向其反面，因此，保持适度和谦逊是避免灾难的关键。金玉等财富虽然诱人，但它们往往伴随着纷争和灾难。道家提倡无为而治的生活态度，即不过度干预，让事物自然发展。功成身退，意味着在达到一定成就后，应该懂得适时收手，避免因过度追求而招致不必要的麻烦。老子强调顺应自然，追求内心的平和与满足。他认为世人的贪婪和对物质的过度追求会导致人性的丧失。通过遵循道的玄德，即自然而为、无为而治的原则，人们可以回归本真，实现精神上的自由和宁静。

10. 盖凡物皆有两端，如小大厚薄之类，于善之中又执其两端，而量度以取中，然后用之，则其择之审而行之至矣。然非在我之权度精切不差，何以与此。此知之所以无过不及，而道之所以行也。（《四书章句集注·中庸章句》）

中庸之道是儒家思想中的一个重要概念，它强调的是一种平和、适度的生活态度和行为准则。中庸之道，不是简单的折中或避免极端，而是一种深刻的道德智慧的体现。朱熹的解释进一步阐释了中庸的内涵，即在不同的情境下，恰当的行为标准可能不同，关键在于找到那个"恰到好处"的平衡点。在顺境和逆境中，中庸理性都能够引导人们保持平和的心态，既不因过度的愉悦而失去警惕，也不因过度的忧虑而失去信心。这种理性层面的忧乐圆融，是中庸之道追求的理想状态，它要求人们在面对生活的起伏时，能够保持内心的平和与稳定，不被外界的极端情绪所左右。通过这种内在的平衡，人们可以在各种生活情境中做出最合适的选择和应对，从而达到个人和社会的和谐。

第二节 人道尚中，择乎中庸

1. 五色令人目盲，五音令人耳聋，五味令人口爽，驰骋畋猎令人心发狂，难得之货令人行妨。是以圣人为腹不为目，故去彼取此。（《道德经·十二章》）

老子在《道德经》中对统治者的奢侈生活方式提出了批评，并且提倡一种简朴、自然的生活态度。他强调的是从内心深处去除对功名利禄的执着，以达到一种内在的平和与满足。老子认为，过度的物质追求和感官享受会导致人们失去对生命本质的洞察，从而陷入一种盲目和混乱的状态。"五色令人目盲"这句话，可以理解为对过度追求视觉刺激和物质享受的警告。老子提倡的是一种适度的生活方式，即在满足基本需求的同时，避免沉溺于外在的繁华和欲望。他认为，真正的幸福来自内心的平静和对自然法则的顺应，而不是外在物质的积累。他鼓励人们追求一种无知无欲的生活，这里的"无知无欲"并不是指完全的无知和无欲，而是指不过度追求知识和物质，保持一种清醒和节制的态度，从而能够更好地理解和体验生活的真谛。

2. 敖不可长，欲不可从，志不可满，乐不可极。
（《礼记·曲礼上》）

人的欲望是自然的，关键在于如何管理和控制这些欲望，避免它们成为破坏性的力量。对于立志高远的人来说，坚持自己的目标和理想是至关重要的，一旦目标降格或者沉湎于一时的成就，就可能被骄傲、欲望和享乐所侵蚀。古人警告"乐极生悲"，意味着过度的享乐和满足现状会导致人的意志消沉，失去进取心，甚至在危机来临时无法应对。这段话强调了个人修养和自我控制的重要性，以及对于权力和成就的正确态度。对于领导者和普通人来说，这都是一种宝贵的生活智慧。通过自我反省和节制，人们可以避免走向极端，保持清醒的头脑，从而在个人生活和社会活动中做出明智的选择。这种思想对于指导人们如何在现代社会中保持平衡，避免过度的物质追求和精神上的空虚具有重要的现实意义。

3. 中庸之为德也，其至矣乎！民鲜久矣。（《论语·雍也》）

儒家的中庸之道是中国传统文化中极为重要的思想，它强调的是一种平衡和谐的生活哲学和治国哲学。孔子及其弟子们将中庸视为道德修养的最高境界，认为它是实现个人和社会和谐的关键。儒家认为，天地万物都遵循着某种内在的秩序，而"中"就是这种秩序的体现。通过追求"中"，人们可以实现个人的内心平和以及社会的稳定。"和"则是实现"中"的途径，它代表了一种协调和平衡的状态。中庸之道的最终目标是建立一个秩序井然、万物共生的系统，天地万物都能在各自的位置上发挥其应有的作用，共同维持宇宙的平衡。中庸之道的智慧在于它提倡的是一种动态的平衡，它要求人们在面对变化时能够灵活调整，既不偏激也不保守，而是寻求最合适的行动方案。这种思想对于个人修养、家庭和谐、社会稳定乃至国际关系都有着重要的指导意义。

4. 子贡问："师与商也孰贤？"子曰："师也过，商也不及。"曰："然则师愈与？"子曰："过犹不及。"（《论语·先进》）

儒家对于中庸之道的经典表述为"过犹不及"。它要求人们在处理事务、对待人际关系时，既不过分也不不足，追求一种恰到好处的状态。子张和子夏的例子，分别代表了过分和不足的两种极端。子张因为过于苛求而失去了中庸，子夏则因为过于保守而未能达到应有的境界。孔子通过这两个例子，告诫弟子们要避免走向任何极端，而应追求中庸之道。孔子的教育方法体现了他的中庸思想，他根据弟子们的性格和特点，给予不同的指导。对于退缩的冉求，孔子鼓励他要勇于行动；对于过于勇猛的子路，孔子则劝他要有所节制。这种因材施教的方法，不仅体现了孔子对学生个性的尊重，也展示了中庸之道在实际生活中的应用。总的来说，中庸之道是一种追求平衡、和谐与适度的生活态度和行为准则。

5. 回之为人也，择乎中庸，得一善，则拳拳服膺而弗失之矣。（《礼记·中庸》）

颜回是孔子非常赞赏的弟子之一，他在《论语》中被描绘为一个品德高尚、内心坚定的人。颜回的生活虽然简朴，但他对这种简朴生活的态度却是乐观和满足的，这体现了他对于物质享受的淡泊和对精神追求的重视。颜回"其心三月不违仁"，他能够长时间保持这种仁的心态，说明他的内心非常稳定，不易受外界影响，这是他坚守中庸之道的体现。"拳拳服膺"这个成语用来形容颜回对至善至美的追求和坚守，就像紧紧抱住宝贵的东西不放一样。这种态度显示了颜回对于儒家价值观的深刻理解和坚定实践。颜回的形象在儒家文化中成为一个典范，代表了儒家追求的道德品质和智慧境界。他的故事和孔子的评价，至今仍被用来教育和启发人们追求高尚的品德和深邃的智慧。

6. 君子中庸，小人反中庸。君子之中庸也，君子而时中；小人之中庸也，小人而无忌惮也。（《礼记·中庸》）

孔子的中庸思想包含了"时中"的概念，这是对中庸之道在实践层面的深化和拓展。中庸不仅仅是一种静态的平衡状态，更是一种动态的、与时偕行的智慧。它要求人们在不同的时间、环境和条件下，都能够做出恰当的判断和选择，以达到最佳的行动效果。"时中"体现了儒家思想的灵活性和适应性。它强调在变化多端的世界中，人们应当具备敏锐的洞察力和应变能力，以便在各种情况下都能够把握恰当的时机，采取合适的行动。这种思想不仅适用于个人行为，也适用于治国理政和处理人际关系等更广泛的领域。在儒家看来，君子应当具备深厚的学识和高尚的品德，同时还要能够洞察时势、把握时机。这样的君子在等待时机的同时，并不是无所作为，而是在积极地准备和积累，以便在适当的时机采取行动。

7. 不得中行而与之，必也狂狷乎！狂者进取，狷者有所不为也。（《论语·子路》）

在孔子的人格分类中，"狂者"和"狷者"代表了两种不同的性格特征和行为模式。"狂者"通常指的是那些有抱负、有激情、敢于挑战传统和常规的人。他们往往有着超前的思考和行动，不满足于现状，追求更高的目标。孔子认为，虽然"狂者"有时可能过于激进，但他们的进取精神和创新意识是值得肯定的。如果"狂者"能够坚持正道并付诸实践，他们也有可能取得成就。"狷者"则是指那些性格独立、不随波逐流的人。他们有自己的原则和主张，不轻易受外界影响，坚持自己的道德标准和价值观。孔子认为，"狷者"虽然可能显得有些孤僻，但他们的坚持和独立思考是难能可贵的。如果"狷者"在坚持原则的同时，也能够开放心胸，接纳新知，他们同样能够有所作为。

8. 人皆曰予知，驱而纳诸罟擭陷阱之中，而莫之知辟也。人皆曰予知，择乎中庸而不能期月守也。（《礼记·中庸》）

孔子在这里提到了两类人，分别遇到了在实践中庸之道时的两种挑战。第一类人，他们自视过高，喜欢走极端，不愿意遵循中庸之道。他们的行为往往过于激进或过于保守，不懂得在适当的时候停止或调整。他们如同被驱赶进入罗网和陷阱，却不知如何避免或逃脱。这种人往往因为缺乏自知之明和对事物的适度把握，而陷入困境。第二类人，他们认识到中庸之道的重要性，但在实际行动中却难以做到。他们可能在某些时候做出正确的选择，但由于缺乏足够的修养和自制力，无法持之以恒地坚守中庸。孔子所说的"择乎中庸而不能期月守也"正是指出了这类人的不足之处。孔子意在提醒我们，在追求中庸之道时，不仅要有正确的认识，还要有坚定的实践和持续的努力。

9. 天下国家可均也，爵禄可辞也，白刃可蹈也，中庸不可能也。（《礼记·中庸》）

孔子的这段话深刻地表达了中庸之道的实践难度。中庸之道不仅仅是一种理论上的完美状态，更是一种需要在日常生活中不断实践和修炼的生活哲学。它要求人们在面对各种诱惑和挑战时，都能够保持内心的平和与行为的适度。孔子认为，平定天下、治理国家、放弃功名利禄这些事情虽然困难，但相比之下，达到并终身践行中庸之道则更为不易。这是因为中庸之道要求人们在各种复杂的社会关系和个人欲望中找到平衡点，这需要极高的自我控制能力和深刻的道德觉悟。中庸思想的核心在于恰到好处、适可而止，"白刃可蹈也，中庸不可能也"，意味着面对危险和困难，人们可能会有勇气去面对和克服，但在日常生活中始终保持中庸的态度，却需要更大的毅力和智慧。

10. 素隐行怪，后世有述焉，吾弗为之矣。君子遵

道而行，半途而废，吾弗能已矣。君子依乎中庸，遁世不见知而不悔，唯圣者能之。（《礼记·中庸》）

孔子对于君子的期望和定义是非常明确的。在他看来，君子应当具备高尚的品德，行事光明正大，遵循仁义的原则，而不是追求那些表面的、短暂的名利，或是通过不正当的手段来吸引他人的注意。君子的行为应当是内在品德的自然流露，而不是为了迎合他人或社会而做出的表演。孔子强调中庸之道的重要性，认为君子应当在行为上追求平衡，避免走向任何极端。中庸之道要求君子在任何情况下都能保持平和的心态，这需要极高的自我修养和智慧。在孟子的理念中，君子在社会中应当扮演积极的角色。在道可行的时代，君子应当积极参与社会事务，为天下苍生谋福祉；而在道不可行的时代，君子也不应放弃自己的原则，即使在困境中，也要坚持自己的道德标准，做到"穷则独善其身，达则兼济天下"。

11. 天道尚右，日月西移；地道尚左，水道中流；人道尚中，耳目役心。心有四佐，不和曰废。地有五行，不通曰恶。天有四时，不时曰凶。天道曰祥，地道曰义，人道曰礼。知祥则寿，知义则立，知礼则行。（《逸周书·武顺》）

周代的"中道"思想是中国古代哲学和伦理道德的重要组成部分。周人认为，天地人三才之中，人应当遵循自然的规律，而"中道"正是这种规律的体现。他们将"中道"视为人道的核心,认为这是人类行为的指导原则。在周代人的宇宙观中,天、地、人三者是相互联系、相互影响的。天道左尊,日月东升西落;地道右尊,河川东流入海。这些自然现象被视为宇宙的秩序,而人道则应当遵循这一秩序,以中正为上。这种思想体现在周代的礼仪制度中,即"礼"的概念。礼不仅是社会行为的规范,也是人与自然和谐相处的体现。这里的"礼"不仅仅是一种社会仪式,更是一种符合天理、人情的行为准则。它体现了周代人对于宇宙秩序的理解和尊重,以及在这一秩序中寻求的人的行为规范。

12. 孔子曰:"恶似而非者:恶莠,恐其乱苗也;恶佞,恐其乱义也;恶利口,恐其乱信也;恶郑声,恐其乱乐也;恶紫,恐其乱朱也;恶乡原,恐其乱德也。"君子反经而已矣。经正则庶民兴,庶民兴,斯无邪慝矣。(《孟子·尽心下》)

孔子认为,在现实中能够完全践行中庸之道的人是非常罕见的。因此,他提出了一种更为实际的态度,即在狂狷之士中寻找有潜力的同道中人。尽管这两种人都有偏离中庸之处,但他们的真诚和追求可以成为他人的镜子,帮助人们认识到自己的不足,并激发自我反省和提升。然而,孔孟都明确反对乡愿,即那些表面上看似中庸,实则没有原则、不辨是非的人。这种人在孔子看来是"德之贼",因为他们的行为可能会导致道德的混乱和社会的不稳定。"反经"在这里指的是回归到正常、正统的道德和行为标准。在社会混乱、道德沦丧的时候，君子有责任通过自己的觉醒和行动，引导社会风气回归正轨，恢复道德的秩序。这种"反经"的努力，是对社会混乱的积极回应，也是对文化传承的维护。

13. 季文子三思而后行。子闻之，曰："再，斯可矣。"（《论语·公冶长》）

季文子的"三思而行"在后世被视为谨慎行事的典范，但在孔子的评价中，这种行为却被认为是越权。孔子认为，季文子在处理政事时过于审慎，思考得过多，这超出了他的职责范围。在孔子看来，决策权应当属于国君，季文子作为臣子，应当在适当的范围内行事，而不是越俎代庖。孔子在这里提到的"再"，意指在处理事务时应当适度，不应过度思考。《周易·损卦》中的"三人行，则损一人，一人行，则得其友。《象》曰：一人行，三则疑也。"这句话说明了"三"在《易经》中象征着犹豫不决。孔子提倡的是一种既审慎又果断的行事方式，即在充分考虑后迅速做出决策，而不是无休止地思考。季文子的"三思而行"与孔子提倡的"再思而行"之间的差异，体现了儒家思想中对于个人行为和职责的界定。

第三节　中和天下，其德大盛

1. 喜怒哀乐之未发，谓之中；发而皆中节，谓之和。中也者，天下之大本也；和也者，天下之达道也。致中和，天地位焉，万物育焉。（《礼记·中庸》）

将"中"与"和"合起来形成"中和"概念，最早见于《中庸》。中庸之道，是指在任何事情上都保持恰当的度，避免走向极端。这种方法论意义上的原则，要求人们在处理事物时，既要考虑到事物的多方面因素，又要寻求一个平衡点，以达到最佳的效果。而"中和"则是在"中庸"的基础上增加了"和"的概念，它不仅仅是对行为的适度要求，还包含了和谐相处的伦理道德意义。"中和"的理念认为，人应当与自然、社会和他人保持和谐的关系,这种和谐不仅体现在外在行为上,更体现在内在心态和情感的调和上。这种理念在《大学》和《中庸》中都有体现,如《大学》中提到的"明明德"和"止于至善",以及《中庸》中对"天命之谓性,率性之谓道,修道之谓教"的阐述。

2. 中者,天地之所终始也;而和者,天地之所生成也。夫德莫大于和,而道莫正于中。中者,天地之美达理也,圣人之所保守也。(《春秋繁露·循天之道》)

　　中和之道在中国传统文化中具有深远的影响,它不仅是哲学思考的产物,更是治国理政的智慧结晶。这一概念体现了对立面的统一,强调在多样性中寻求平衡与和谐,从而促进事物的最优生存和发展。这种追求不仅体现在个人修身养性上,更体现在国家治理和社会管理中。儒家经典中,尧舜禹三代被理想化为"圣人之治"的典范,他们的治理被认为是中和之道的完美体现。孔子作为儒家思想的代表人物,对中和之道给予了高度评价。他认为,舜之所以能够成为伟大的领袖,正是因为他善于"执中",即在广泛了解情况的基础上,去除极端,采取中庸之道,制定并执行合理的政策,从而有效地提升了人民的生活质量。这种治理方式不仅体现了历史的辩证法,也蕴含着唯物辩证法的智慧。

3. 故君子尊德性而道问学，致广大而尽精微，极高明而道中庸。温故而知新，敦厚以崇礼。（《礼记·中庸》）

上文深刻阐述了儒家思想中关于个人修养与社会实践的关系，以及如何在不同的社会环境中坚持道德原则和智慧追求。这里涉及"德育"与"智育"的问题。"德育"强调个人应当通过修养德行来适应和实现圣人之道。这包括了对道德的尊崇、对礼节的诚心奉行，以及在日常生活中的实践。通过这些德行的修养，个人能够达到内心的平和与稳定，进而在社会中发挥正面的作用。"智育"则指个人应当追求知识学问，以达到广博与精微的境界。这不仅仅是对知识的积累，更是对智慧的追求。然而，个人修养的实现并非孤立的，它还需要客观现实条件的支持。在不同的社会环境中，个人应当展现出"富贵不能淫，贫贱不能移，威武不能屈"的坚定品质，这是对个人意志力和道德底线的考验。

4. 诚者，天之道也；诚之者，人之道也。诚者，不勉而中，不思而得，从容中道，圣人也。诚之者，择善而固执之者也。（《礼记·中庸》）

《中庸》将"诚"置于宇宙观和人生观的中心位置，认为"诚"是天道的本质，也是人道的根本。天道，即宇宙的自然法则，是恒常不变的，它体现了宇宙万物存在和运行的基础。人道，即人类的道德法则和社会行为准则，应当与天道相一致。因此，人应当追求"诚"，在个人修养和社会实践中体现这种天道的本质。"思诚"意味着个人应当以真诚的心态去追求真理和道德的完善。通过"思诚"，个人可以达到与天道的和谐，从而在人生中实现宇宙界的原则。这种思想不仅强调了个人的内在修养，也强调了个人行为与宇宙规律的一致性。《中庸》进一步提出，天道的不息之健，即宇宙不断运行和变化的力量，也是人性中的德行。这种德行要求人们以"至诚"来回应。

5. 农夫朴力而寡能，则上不失天时，下不失地利，中得人和，而百事不废。（《荀子·王霸》）

孟子和荀子都是中国古代著名的儒家思想家，他们在"天时、地利、人和"这一概念上有着各自独特的见解和阐述。孟子强调"人和"的重要性，认为"天时不如地利，地利不如人和"，主张人的团结和协作是成功的关键。荀子则从农业生产和社会发展的角度出发，认为"天时"指农业生产的时机，如季节变化对农作物生长的影响；"地利"指土地的肥沃程度和地理位置的优势；"人和"指社会分工和合作的效率。荀子认为这些是社会发展和国家治理的基础，他的观点体现了他对物质条件和社会秩序的重视。孟、荀二人观点虽有不同，但都强调了"人和"在社会运作和国家治理中的重要性。孟子的观点更侧重于道德和人心的和谐，而荀子的观点则更侧重于物质条件和社会结构的优化。

6. 聪明圣知，守之以愚；功被天下，守之以让；勇力抚世，守之以怯；富有四海，守之以谦。此所谓挹而损之之道也。（《荀子·宥坐》）

"欹器"是中国古代一种具有特殊象征意义的器物。它通常被设计成三足，当液体灌满时会倾覆，以此来警示人们不要过于贪心或骄傲，要懂得适可而止，保持谦逊和自制。这种器物在古代常被用作教育和自我提醒的工具，尤其是在宗庙等重要场所，以提醒国君和官员们要恪守中庸之道，避免走向极端。孔子告诫学生要智高而不显锋芒，居功而不自傲，勇武而不怯懦，富有而不夸显，这些都是中庸之道的具体体现。欹器的象征意义在于提醒人们要有自知之明，认识到自己的局限，及时调整自己的行为，避免因过度而走向失败。这种哲理不仅适用于个人修养，也适用于国家治理和社会发展。那些具有内省精神的人，内心仿佛有一个欹器，能够在适当的时候停止追求，避免过度而导致的不良后果。

7. 丕惟曰：尔克永观省，作稽中德。尔尚克羞馈祀，尔乃自介用逸。兹乃允惟王正事之臣，兹亦惟天若元德，永不忘在王家。（《尚书·酒诰》）

《酒诰》是中国古代一篇重要的政治文献，它不仅反映了周公旦的政治智慧和治国理念，也体现了周初对于道德规范和礼制建设的重视。周公旦在平定武庚、管叔、蔡叔之乱后，为了巩固周朝的统治，对新封的卫国君臣颁布了禁酒令，以此来纠正商朝末期的不良风气，防止历史的重演。他以此告诫康叔，作为新封的卫君，应当吸取历史教训，严格要求自己和臣民，避免沉溺于酒色之中。周公旦还强调了对商朝遗民的怀柔政策，要求康叔尊重当地的民俗和传统，同时积极寻求贤人长者的指导，了解商朝兴衰的原因。这种尊重历史、尊重民众的态度，体现了周公旦的包容和智慧。此外，周公旦要求卫国君臣一则要爱民，关心民众的生活；二则要时常反省自身的行为，遵循中正的德行。

8. 上善若水。水善利万物而不争，处众人之所恶，故几于道。居善地，心善渊，与善仁，言善信，政善治，事善能，动善时。夫唯不争，故无尤。（《道德经·八章》）

老子的哲学思想中，水是一个非常重要的象征，它代表了一种至高的德性和智慧。在《道德经》中，老子用水的特性来阐述他对于理想人格的追求，这种人格即是"无尤"的圣人。圣人之所以能达到"无尤"的境界，是因为他们遵循了"不争"的原则，这种原则与水的特性有着密切的联系。老子认为，水的柔和、谦卑、滋养万物而不争的特质，正是圣人应当效仿的德行。水的柔和并不意味着无力，相反，它代表了一种内在的力量和坚韧。水能够适应各种环境，无论是高处还是低处，都能够安然存在，这种适应性和包容性正是老子所推崇的智慧。圣人选择谦卑的位置，不居功自傲，默默滋养他人，不与他人争斗。他们愿意承担困难和挑战，忍受不公平的待遇，但始终保持内心的平静和纯净。

9. 将欲取天下而为之，吾见其不得已。天下神器，不可为也，为者败之，执者失之。夫物或行或随；或歔或吹；或强或羸；或载或隳。是以圣人去甚，去奢，去泰。（《道德经·二十九章》）

老子的"无为"思想是道家哲学的核心概念之一，它在《道德经》中被多次提及和阐释。这一概念并不是字面上的"不作为"，而是一种深层次的哲学智慧和治国理念。老子认为，真正的智慧在于顺应自然规律，而不是强行干预或控制。这种思想强调了自然和谐与顺其自然的重要性。老子提倡的"去甚，去奢，去泰"进一步强调了圣人应当避免极端和奢侈的行为，保持简朴和适度。这种态度有助于维持社会的平衡，减少社会矛盾，促进国家的长治久安。老子的"无为"思想是一种追求自然和谐、强调内在平衡和外在顺应的生活哲学。这提醒我们在面对复杂多变的世界时，应当保持平和的心态，顺应自然规律，避免过度干预和控制，以实现个人和社会的和谐发展。

10. 天下之达道五，所以行之者三。曰君臣也，父子也，夫妇也，昆弟也，朋友之交也：五者，天下之达道也。知、仁、勇三者，天下之达德也，所以行之者一也。（《礼记·中庸》）

在《中庸》中，人道的内涵被具体化为人格和人伦两个方面。人格指的是个人应当具备的道德品质，而人伦则是指人与人之间应遵循的伦理关系。这两者共同构成了儒家人道的核心内容。"三达德"是对人格内容的概括，包括明智、仁爱和勇敢这三项基本的道德品质。这些品质被认为是所有人都应当培养和实现的，它们是人们在社会中和谐相处的基础。而"五达道"则是对人伦内容的概括，包括君臣、父子、夫妻、兄弟和朋友这五种基本的社会关系。这些关系构成了社会的基本结构，其和谐与否直接影响到社会的稳定与发展。中庸之道的实践理性体现在它强调个人应当在日常生活中不断实践和体现这些道德原则，而其经世致用的方面则体现在它认为这些原则是实现社会和谐与治理的基础。

11. 舜其大知也与！舜好问而好察迩言，隐恶而扬善，执其两端，用其中于民，其斯以为舜乎！（《礼记·中庸》）

舜作为中国上古时期的"五帝"之一，他不仅是个人奋斗和成就的典范，也是智慧和道德修养的象征。舜的生平和治理方式，体现了儒家思想中对于理想统治者的期望和追求。舜的故事中,"问"与"察"是他治国的重要方法。他不仅乐于倾听身边亲近者的意见,而且能够对这些意见进行深入的分析和判断。舜在处理不同意见时表现出的智慧和包容,是他成为杰出领袖的关键所在。他不公开批评错误的意见,而是默默地吸取和采纳正确的建议,并加以褒扬。这种处理方式既保持了社会的和谐,又促进了正确决策的形成。舜的治国理念强调全面和辩证地认识事物,后人将孔子对舜的赞扬简化为"执两用中",这一表述成为了中庸之道的一个经典概括。

12. 可以速而速,可以久而久,可以处而处,可以仕而仕,孔子也。孟子曰:"伯夷,圣之清者也;伊尹,圣之任者也;柳下惠,圣之和者也;孔子,圣之时者也。"(《孟子·万章下》)

孟子对孔子的评价反映出孔子不仅是一位坚守道德原则的典范,而且在行动上能够根据具体情境做出适时适宜的决策。在孔子遭遇困境如被迫离开齐国时,他表现得果断坚决,不作无谓的纠缠,这体现了他在道义情态允许的情况下,能够迅速做出顺应时局变化的决定,即所谓"可以速而速"。而在面对故土鲁国时,孔子流露出深深的眷恋,这同样是他情感与道德原则的体现,反映出他对传统的深深敬畏。孟子赞誉孔子为"圣之时者",意味着孔子是那种能准确把握时机,灵活运用道德原则处理现实问题的人。东汉赵岐有言："孔子集先圣之大道，以成己之圣德者也。"他指出孔子通过综合前代圣贤的教诲，提炼并发扬光大，成就了自己的圣德，推动了整个儒家文化的发展。

13. 先王之道，仁之隆也，比中而行之。曷谓中？曰：礼义是也。道者，非天之道，非地之道，人之所以道也，君子之所道也。（《荀子·儒效》）

荀子的"中道"哲学强调了一种实践智慧和调适原则，他认为"中"是圣人君子在治理国家、引导民众时应当掌握的核心理念，它表现为在各种复杂情况下的恰当判断和合理行为。对于广大民众而言，直接理解和掌握"道"的深层含义较为困难。因此，荀子提出"礼"作为"道"的具体化和规范化体现，是一种外在的、可视的、易于遵循的行为准则和社会规范。"礼"包含了诸如"仁""义"等儒家基本伦理道德原则，同时，它也被用于在不同的社会关系和个体内心世界的各种对立面之间寻求适度的平衡。荀子提出的"礼"不仅是仪式和规矩，更是社会治理和道德教化的手段，即通过"礼"来指导和规范人们的日常行为，进而培养和提升人们的道德品质，最终实现社会和谐有序。

第二章

人心和善、群己合一的道德信念

　　人心和善在中华传统文化中占据着至关重要的地位，它既是个体内心的道德追求，也是社会交往的基本准则。孔子所倡导的"仁"学思想，实质上是对人心和善最深刻的阐述，他主张人们在自我修养中培养对他人的关爱与善意，通过内心的和善推动人际关系和社会秩序的和谐稳定。《大学》开篇即说"大学之道，在明明德，在亲民，在止于至善"，强调了教育的目标在于彰显人的光明品德，亲近人民，最终达到最高的善境。这表明人心和善不仅仅是个人内心的道德修养，更是社会责任与使命的具体体现。儒家强调知行合一，所谓"知是行的主意，行是知的功夫；知是行之始，行是知之成"，认为理论知识必须与实际行动相结合，只有将和善的理念内化于心、外化于行，才能真正实现和谐社会的理想。这就要求我们不仅要心中存善念，更要将其落实到日常生活的一言一行之中。"老吾老，以及人之老；幼吾幼，以及人之幼"，从孝敬父母、爱护子女做起，进而推展至全社会，做到尊老爱幼、扶贫济困、和睦共处。人心和善、群己合一是中华传统文化中一种深邃的道德追求和实践哲学，它提倡通过个人内在的道德修养与外在的社会行动相结合，实现个人与他人、个人与社会，乃至人与自然之间的和谐共生，从而促进全社会向着至善至美的理想境界不断迈进。

第一节　仁礼存心，和气致祥

1. 君子所以异于人者，以其存心也。君子以仁存心，以礼存心。仁者爱人，有礼者敬人；爱人者人恒爱之，敬人者人恒敬之。（《孟子·离娄下》）

在孟子看来，君子具备深厚的道德修养，他们秉持内在的道德信念和原则，主动在内心深处追寻和实践"仁义"，而非仅仅依赖外部环境的压力或者利益驱动。这种"反求诸己"的理念源于孔子的教导，强调个人道德成长应主要依靠自我反思不断提升，而不是对外部世界的抱怨或依赖。孟子心中的君子在生活中积极践行"仁义"，他们的一切行为皆出于仁，一切举止皆依于礼。这里的"仁"代表对他人的爱和关怀，"礼"则体现为对他人应有的尊重和恰当的相处方式。君子之所以区别于普通人，关键在于他们能够始终保有并滋养内心的善端，让仁爱和礼敬的精神常驻心中。仁者不仅是爱人者，更是智者与德者，他们凭借充满慈爱的心灵和宽广的胸怀去影响和感召周围的人。

2. 礼之用，和为贵。先王之道，斯为美；小大由之。有所不行，知和而和，不以礼节之，亦不可行也。
（《论语·学而》）

　　礼起源于远古时代的宗教祭祀活动，最初是用来向神祇、祖先以及其他超自然力量表达敬仰与祈福的一种形式。随着社会结构的复杂化和阶级分化，礼逐渐演化成为一套严格的社会名行规范体系，涵盖了众多社会生活的领域。孔子强调礼的实施目的在于实现人与人之间、家庭与家庭之间，乃至国家与国家之间的和谐共生。他认为，通过遵守礼，人们能够在家庭中实现父慈子孝、兄友弟恭、夫妻相敬的伦理秩序，在社会上形成和睦的人际关系和有序的政治关系，从而避免冲突纷争，增进社会稳定繁荣。礼不仅是外在的仪式和规则，更是一种内化于心的道德自觉，它代表着社会正义和个人品德修养的高度统一。通过礼的教化和实践，个体可以成长为具有良好道德品质的君子，社会也能实现大同理想。

3. 仁者，人也，亲亲为大；义者，宜也，尊贤为大。亲亲之杀，尊贤之等，礼所生也。（《礼记·中庸》）

"仁"在儒家思想中被视为人性的本质属性。"礼"是在仁爱基础上形成的，它规定了人在社会交往中应该如何恰当地表达这种内在的仁爱之情。孔子强调"仁者，人也"，指出仁与人的本质紧密相连，人应当亲近并实践仁道，否则便失去了作为人的根本意义。"亲亲为大"和"尊贤为大"分别体现了儒家在家族和国家两个层面的价值取向：在家族层面，亲情关系是最基本的道德纽带；在国家层面，尊重和选拔贤能之人则是社会进步和国家治理的重要原则。"礼"既是道德的外在表现，又是法制化的规范，它旨在促进个人品德的完善和社会秩序的和谐稳定。通过实行"礼"，人们得以在社会实践中不断提升和完善自身的道德品质，达成"成德"与"治世"的双重目标。

4. 其为人也孝弟，而好犯上者，鲜矣；不好犯上，而好作乱者，未之有也。君子务本，本立而道生。孝弟也者，其为仁之本与！（《论语·学而》）

在有子看来，孝悌是实现仁德的出发点和根本途径。在春秋时期，社会结构以宗法制为基础，家国一体，家族内部的孝悌关系延伸到了国家治理层面。孝是指尊敬并服从父母，悌则是指敬爱兄长。在宗法制下，孝悌不仅是家庭伦理的要求，更是社会稳定和维护秩序的前提，因为孝悌精神的培养有助于增强家庭成员间的凝聚力和层级间的顺从，从而降低社会冲突和动乱的可能性。有子认为，一个人如果能在家庭中尽到孝悌的义务，养成恭敬、顺从和仁爱的习惯，那么他在社会中也会尊重上级，忠于职守，不会轻易产生叛逆和篡夺的行为。所以，有子提倡的"孝弟也者，其为仁之本与"，实际上是从家庭教育和社会治理的角度，揭示了个体道德修养与社会秩序建设之间的紧密关联。

5. 是故穷则必有名，达则必有功，仁厚兼覆天下而不闵，明达用天地、理万变而不疑，血气和平，志意广大，行义塞于天地之间，仁知之极也。夫是之谓圣人。审之礼也。（《荀子·君道》）

　　荀子的政治哲学强调了君主德行的重要性，并认为君主应当遵循礼义之道来治理国家。在他看来，政治环境虽然复杂多变，但一位具有深厚德行的君子，因其能够坚守礼义原则，就能够灵活应对各类政治挑战。荀子认为，真正的君子在任何形势下都能够坚持道德操守和理智决策，即便在现实政治斗争中未能立即取得成功，其高洁的名望也不会受损；一旦得志，则必将展现出卓越的领导力和功绩，以其仁爱宽厚的品德感召天下。其智慧足以驾驭万事万物，面对各种复杂局面时，能够泰然处之，无所困惑。荀子关于人性的观点是性恶论，认为人的本性中有恶的一面，但他同时也认为通过后天的学习、教化和修炼，尤其是通过礼义法度的约束和熏陶，人性可以得到改善和升华，从而培养出圣贤。

6. 故先王案为之制礼义以分之，使有贵贱之等，长幼之差，知愚、能不能之分，皆使人载其事而各得其宜，然后使悫禄多少厚薄之称，是夫群居和一之道也。（《荀子·荣辱》）

荀子从社会实践和人性论出发，赋予"礼"更为丰富的内涵。他认为"礼"既来源于人类社会的实际需要，又基于人的生理、心理特性。人的社会性决定了个体必须生活在群体之中，而群体生活又必须有一定的规则和秩序，这个秩序便是"礼"。他强调"礼"是划分社会等级、明确人与人之间关系、确保社会和谐与秩序的基石，是人类社会组织与协调的基础。荀子的"明分使群"理论，强调通过"礼"来明确每个人在社会中的角色和地位，使人各安其位、各尽其责，以达到"群居和一"。尽管荀子的"礼"论立足于维护和巩固当时的封建宗法等级制度，但他对"礼"在社会治理、道德教育等方面的贡献，至今仍为我们思考现代社会的法治秩序、公民道德和社会整合提供有益启示。

7. 天下之礼，致反始也，致鬼神也，致和用也，致义也，致让也。（《礼记·祭义》）

祠堂作为祭祀场所，承载了中华民族悠久的祭祀文化和家族伦理观念。历代统治者高度重视祠堂礼仪的制定与规范，这些礼仪典制不仅体现了对祖先崇拜的虔诚，也反映了社会秩序的构建与维护。《礼记》作为中国古代儒家经典之一，详尽记载了周代直至汉代的礼仪制度，其中包括了大量的祭祀仪式和祠堂礼仪内容。其中，《祭义》篇尤为详细地探讨了祭祀的伦理意义和功能，从不忘本、沟通鬼神、开发资源、建立伦理秩序到弘扬谦让精神，五个方面揭示了礼在塑造个人品性和维护社会稳定中的重要作用。祠堂礼仪及其背后的"礼"文化，不仅在中国古代社会中扮演着连接人神、凝聚人心、维系家族和国家秩序的角色，而且其核心价值观至今仍在中华传统文化中延续。

8. 恻隐之心，仁也。羞恶之心，义也。恭敬之心，礼也。是非之心，智也。仁义礼智，非由外铄我也，我固有之也，弗思耳矣。故曰求则得之，舍则失之，或相倍蓰而无算者，不能尽其才者也。（《孟子·告子上》）

孟子认为人性本善，即每个人都天生具有仁、义、礼、智四端，这些道德属性并不是后天通过学习和实践获得的，而是与生俱来的，是上天赋予人的内在本质。孟子强调，人性的善不只是抽象的、形而上的存在，它在现实生活中可以通过个体的道德实践和修养得到体现和验证。孟子以"性善"为核心，倡导个人应该意识到并珍视自己内在的善性，通过不断自我觉醒、自我修养，将内在的善性充分地发挥出来，实现个体生命的最高价值和社会伦理的和谐秩序。孟子告诫世人，所有人都具有内在的善性；人们应当认识到并坚持以善性为自我修养的根本；人的生命价值与意义在于如何最大限度地发展和实现这份善性。这一观点为中国传统道德教育和人格修养提供了深厚的哲学基础。

9. 博爱之谓仁，行而宜之之谓义，由是而之焉之谓道，足乎己无待于外之谓德。仁与义为定名，道与德为虚位。（《原道》）

韩愈在《原道》一文中，针对当时佛教盛行、儒学地位受到冲击的社会现象，鲜明表达了他对儒家道统的捍卫和对佛教思想的批判立场。他试图重新确立儒家学说的核心地位，认为儒家的仁义之道才是治理国家、教化民众的根本。韩愈对道家特别是老庄哲学中的"道德"观念持批判态度，认为其过于强调无为和自然，忽视了儒家提倡的积极入世、以仁义为准绳的社会伦理实践。在《原道》中，韩愈追溯了先秦以来各家学说对儒家正统思想的挑战和侵蚀，着重强调了儒家伦理道德对于社会秩序、国家稳定和个体修身齐家治国平天下的重要作用。他痛斥禅宗修行中的出世倾向，认为这不仅削弱了儒家伦理对社会的调控功能，还对正常的家庭伦理、社会生产劳动和国家管理造成负面影响。

10. 仁者如射：射者正己而后发，发而不中，不怨胜己者，反求诸己而已矣。（《孟子·公孙丑上》）

孔子的"为仁弘道"理念，强调个人道德修养与行为实践应以内省为主，通过自我修正与提升来实现道德的完善和道的弘扬。正如射箭需先端正姿势、锻炼技能、积蓄力量而后才能精准命中靶心，为仁之道亦要求个体首先端正自己的心态、言行，修炼内在德行，不断提高自我道德素质，然后才能去影响他人，推广仁道。"不怨胜己者"的态度，体现了儒家对于个人成败得失的豁达胸襟和勇于承担责任的精神风貌。他人在某方面超过自己，不应怀恨嫉妒，而应视之为激励自我提升的动力，通过反思自身不足，不断完善自我，进而达到更高的道德境界和人生目标。这是一种积极向上、自强不息的人生态度，也是儒家"修身、齐家、治国、平天下"实践过程中的重要道德原则。

11. 克己复礼为仁。一日克己复礼，天下归仁焉。为仁由己，而由人乎哉？（《论语·颜渊》）

孔子认为，"克己"是实现仁德的一个必要步骤，即克服自我私欲和情绪冲动，做到自我约束和自我修养，通过内在的道德自律来净化和提升自我。这里的"克己"不仅是对个人欲望和情感的控制，更是对道德原则的坚守和实践，指向个人道德品质的完善。"复礼"则是将内在的仁德通过外在的行为规范予以体现，即遵循礼制，使行为符合社会公认的道德规范和礼节。礼作为一套具体的行为准则和社会秩序的象征，是仁德的外在表现形式和载体，它规范了人际关系和社会互动的方式，确保了社会的和谐与秩序。孔子主张的"克己复礼"，二者互为因果，相互依存。只有通过自我克制与道德修养，个体才能达到"内圣外王"的理想境界，社会才可能达到"天下归仁"的理想状态。

第二节　修己安人，成人达己

1. 子贡问曰："有一言而可以终身行之者乎？"子曰："其恕乎！己所不欲，勿施于人。"（《论语·卫灵公》）

"己所不欲，勿施于人"是儒家思想的精华，它提倡一种基于同情心和理解力的道德行为模式，即在处理人际关系和社会事务时，应避免对他人的伤害。这不仅要求个人在道德行为上表现出对他人的尊重和体贴，更深层次地体现了人与人之间的相互依存和共生关系。在全球化的背景下，这一原则愈发凸显其普遍性和普适性，它超越了民族、地域和文化的界限，成为一种全球伦理共识。在解决国际冲突、缓解种族和宗教分歧、促进国际合作与和谐共生等诸多领域，都可发现这一原则的指导作用。在实践层面上，当每一个体都能够遵循"己所不欲，勿施于人"的原则行事时，人与人之间的信任与合作就会增强，社会矛盾与冲突就会得到缓和，进而推进全人类共同进步，共建和谐世界。

2. 子贡曰："如有博施于民而能济众，何如？可谓仁乎？"子曰："何事于仁，必也圣乎！尧、舜其犹病诸。夫仁者，己欲立而立人，己欲达而达人。能近取譬，可谓仁之方也已。"（《论语·雍也》）

孔子提出的"己欲立而立人"，体现了儒家哲学中以人为本、推己及人的思想。在这个理念中，孔子强调个体的自我实现与服务他人、造福社会是密不可分、相互促进的过程。个体的生存和发展不能孤立于社会之外，个体的价值实现必须建立在促进他人和社会福祉的基础之上。"立人"优先于"立己"，意味着在追求个人理想和价值的过程中，首先要考虑到他人和社会的利益，承担起对他人和社会的责任。这不同于某些强调个人至上或者逃离现实世界以追求超验价值的观念，儒家主张个体要在现实世界中，通过与他人和社会的互动，通过助人成己，来实现个人价值的最大化。孔子的这一教诲实质上鼓励人们在现世生活中通过服务他人、促进公共福祉，来实现个体生命的超越与升华。

3. 老吾老，以及人之老；幼吾幼，以及人之幼：天下可运于掌。（《孟子·梁惠王上》）

  在与齐宣王的对话中，孟子提出"保民而王"的理念，其核心是以仁政来治国，强调君王应当以保护百姓利益为首要任务，通过实行仁政来赢得民心，从而稳固统治。孟子借用齐宣王不忍牛觳觫的恻隐之心为例，引导齐宣王认识到对动物尚且有所怜悯，对百姓更应怀有深厚的人道关怀。孟子进一步提出，将对自家老人的孝敬和对自家子女的慈爱扩展至全天下的老人和子女，这是基于"仁"的推广与实践。他提倡将个人的情感和道德意识放大到社会层面，要求统治者在政策制定和执行上体现出对全体民众的关爱。孟子的这一系列主张呼应了孔子提出的"仁者爱人"的基本原则。这些言论都体现了儒家伦理中将家庭伦理推行至社会伦理，以家庭情感为基础构建和谐社会的深刻见解。

4. 君子成人之美，不成人之恶。小人反是。（《论语·颜渊》）

  上文深刻阐述了儒家伦理中关于君子人格修养和价值追求的核心理念。君子的价值取向在于"成人之美，不成人之恶"，这意味着君子应当积极促进他人展现优点和善行，同时防止和纠正他人的错误和不良行为。这一原则不仅体现了君子对他人道德完善的关爱与支持，还显示了他们在人际交往中对善恶的清晰辨识能力和选择善行的坚定决心。在人生修为上，君子见到他人的好行为如同自己拥有，便会乐意助力他人积累德行、成就善举；遇见他人有过失，也会像看待自己的错误一样，乐于劝导对方改正错误、追求新的开始。这种人格品质和素养体现了儒家的仁爱心肠和宽容精神，即在与他人交往中始终坚持善念，乐于从他人那里吸取好的品质并以此提升自我，进而实现共同的成长和进步。

5. 仁之法在爱人，不在爱我。义之法在正我，不在正人。我不自正，虽能正人，弗予为义。人不被其爱，虽厚自爱，不予为仁。（《春秋繁露·仁义法》）

董仲舒在西汉时期对儒家思想的拓展和诠释，为儒家学说在汉代成为中国古代长期奉行的官方意识形态奠定了基础。他通过规劝江都易王刘非，传达了儒家伦理道德的重要原则，即仁者应注重正道而非私利，修习道德法则不急于求成。董仲舒主张仁的本质在于爱人，而义则在于正己，这意味着个人应当以仁爱之心对待他人，同时用严格的道德规范来约束自我行为，追求内外兼修，以此实现个人道德品质的提升和社会和谐的构建。董仲舒的这一系列思想，既是对儒家仁义观念的深化，也是对个人道德修养和社会治理的指引，对后世儒家思想的传承与发展产生了深远的影响。其倡导的"仁义""仁智""强勉"等理念，构成了儒家思想坚实的伦理基石。

6. 爱人不亲反其仁，治人不治反其智，礼人不答反其敬，行有不得者，皆反求诸己，其身正而天下归之。（《孟子·离娄上》）

孟子的"反求诸己"理念，强调了儒家伦理学说中道德修养的主观能动性与内在性。在面对道德困境或人生问题时，个体应当首先审视自己的内心，通过自我批评和自我提升来践行仁义之道。这种道德实践的出发点是个人品质的修养，强调道德规范的内化，而非仅停留于表面的遵循。孟子认为，仁和义是人的内在本质和精神诉求，是人性中固有的东西，就如同道路对于行走的必要性一样不可或缺。儒家所说的"道"，并非遥不可及的神秘事物，而是在日常生活中通过实践仁义、遵循本性来实现的。这种对道的理解，使得孟子的伦理思想更具人性化和实践性，避免了以抽象、刻板的外在法则强制压抑人性和个性的倾向，而是鼓励个体在遵循人伦本性的同时，实现自我价值和道德意义。

7. 吾日三省吾身：为人谋而不忠乎？与朋友交而不信乎？传不习乎？（《论语·学而》）

自省的精神在于每日甚至每时每刻对自己的思想、言语、行为进行深度的审查与修正，通过自我批判和自我教育，不断去除内心的杂质，提升道德品质，从而达到人格完善的目的。儒家强调，世间并无绝对完美的个体，每个人都可能存在这样或那样的缺陷。但通过不断的自省与学习，个体可以发现并弥补自身的不足，从而逐渐接近理想的人格境界。相较于外在的制约和监督，内在的自省显得尤为重要，因为只有发自内心的道德自觉，才能从根本上消除不良念头和行为，实现内心的净化和提升。因此，在历史长河中，那些成就伟业、引领时代的人物无不重视自省与自律，他们深知只有通过内心的道德砥砺，才能更好地服务于社会，实现治国平天下的宏大目标。

8. 子夏之门人问交于子张。子张曰："子夏云何？"对曰："子夏曰：'可者与之，其不可者距之。'"子张曰："异乎吾所闻：君子尊贤而容众，嘉善而矜不能。我之大贤与，于人何所不容？我之不贤与，人将距我，如之何其距人也？"（《论语·子张》）

在孔子及其弟子的言论中存在着丰富的交友哲学，其中子夏和子张的交友观各有侧重。子夏的交友观强调"物以类聚，人以群分"，意味着人们往往会倾向于与相似的人交往。这一观点提示我们在交友时要有选择性，亲近那些道德品质高尚的人，远离那些品行不端的人。子张的交友观则更显现出儒家对于自我修养和包容度的强调，他主张君子在面对问题时首先审视自己，不断提升和完善自我，而不是苛责他人。在交友上，子张倡导更要扶持并引导那些犯错或尚未完善的人。这一观念体现了儒家博大的胸怀和深切的人文关怀。儒家鼓励人们亲近善者、提携弱者，通过"嘉善而矜不能"的交际之道，既能提升自我，又能凝聚人心，集聚更多志同道合的朋友，共同推动社会和谐进步。

9. 万物皆备于我矣，反身而诚，乐莫大焉。强恕而行，求仁莫近焉。（《孟子·尽心上》）

孟子认为人性本善，每个人都应当发掘和发扬这种内在的善性，通过不断的自我反思和道德锤炼来实现个人的道德完善和对道的领悟。孟子强调"反身""自反""反求"这些修身方法，鼓励人们在面对问题和挑战时，首先审视自我，从自己的内心深处找寻原因，勇敢地面对真实的自我，并通过不断的自我省察和道德修养，达到内心的诚实无欺，即"反身而诚"。"乐莫大焉"指的是通过践行道德，使内心纯净无垢，对得起天地良心，从而获得的极大快乐和满足感。这种快乐是持久的，因为它源自对自身道德品质的自信和对他人的仁慈宽宥。孟子主张君子应当践行"推己及人"的"恕道"，它需要人们具有坚定的信念、宽宏的胸怀以及严于律己、宽以待人的道德修养。

10. 子路问君子。子曰："修己以敬。"曰："如斯而已乎？"曰："修己以安人。"曰："如斯而已乎？"曰："修己以安百姓。修己以安百姓，尧、舜其

犹病诸！"（《论语·宪问》）

孔子在谈论君子的修身之道时，强调了"修己"的重要性，认为君子应当首先从自身出发，通过自我修养达到内心的诚敬。"修己以敬"意味着君子应当始终保持对道德的敬畏和对他人应有的尊重，这是作为一个君子立足社会、参与政事的根本。孔子进一步指出，修身不仅仅是为了个人的道德完善，更重要的是通过个人的道德提升去影响和造福他人，实现社会的和谐与安定。"修己以安人"意味着君子应通过自身的德行修养，使周围的人感受到安定与和谐，而"修己以安百姓"则是将这种影响扩大到整个社会大众，让国家的民众都能享受到道德教化带来的安宁与福祉。孔子所倡导的"博施于民而能济众"体现的是君子通过广泛惠及民众，救助和帮助更多的人，从而实现社会整体的福利提升。

第三节　厚德载物，明德弘道

1. 天行健，君子以自强不息。地势坤，君子以厚德载物。（《周易·象传》）

上文生动展现了中华传统文化中"天人合一"思想的精髓，是中华传统文化的重要格言，也是中华民族精神的重要象征。"地势坤，君子以厚德载物"，旨在强调君子应当像大地一样，以其深厚广阔的胸怀和仁爱包容的精神去承载和接纳万物，寓意君子应具备宽厚的品德和兼容并包的胸怀，对待他人、对待社会、对待自然都应该持有包容、忍耐和仁慈的态度，以此来实现社会的和谐与进步。总之，这句话寓含着对君子人格的极高期许，要求君子既要秉承天道之刚毅奋进，又要具备地德之厚重包容，既要有独立自主、拼搏奋斗的精神面貌，也要有海纳百川、厚德载物的道德情操，这一理念深深地渗透在中华民族的文化基因中，滋养着一代又一代华夏儿女的品格与智慧。

2. 人能弘道，非道弘人。（《论语·卫灵公》）

孔子提出的"人能弘道"这一观点，无疑是儒家学说中关于人性尊严与主体性地位的核心表达之一。孔子认为，道并非高悬于外、不可触及的理念，而是通过人的实践、体悟与传承得以实现、发扬光大的现实原则。这里的"道"涵盖了伦理道德规范、社会治理原则以及人生哲学等诸多层面，是指导个体和社会行为的根本准则。孔子强调人不仅能够认识和理解道，而且有能力通过自身的道德修养、社会实践和文化创新去拓展和传播道，使之更加深入人心，影响社会风尚。这意味着人不是被动接受外部规则的客体，而是能够主动参与构建和推进道德伦理秩序的主体。这种主体性，体现在每一个个体都能通过内在的道德自觉和外在的社会行动，共同推动人类文明的进步。

**3. 乾坤以有亲可久，君子以厚德载物。观夫汉高之兴也，非徒聪明神武、豁达大度而已也。乃实慎终追旧，笃诚款爱。泽靡不渐，恩无不逮。率土且弗遗，而

况于邻里乎？况于卿士乎？（《西征赋》）

潘岳在《西征赋》中，通过对洛阳至长安沿途的地理人文景观的描绘，引发了对历史盛衰兴亡的深沉思考。他借古喻今，以对过往辉煌的赞美和对暴政昏庸的批判，传递出儒家的仁政思想和道德伦理观念。通过对汉高祖刘邦德政的赞扬，潘岳突出了领导者应具备的普爱众生、厚德载物的品质，以及对民生疾苦的关注和友好真诚的待人之道，这些都是他心目中理想统治者的必备素质。他通过咏史抒怀，不仅展示了壮丽的江山和深厚的历史文化底蕴，更通过对历史人物和事件的评述，强调了道德修养和仁政在国家治理中的决定性作用，间接表达了对当时社会现实的关切与期待，寄寓了对国泰民安的深深期盼。他的赋作深刻体现了古代士人忧国忧民的情怀和对理想社会秩序的追求。

4. 至治，馨香感于神明。黍稷非馨，明德惟馨。尔尚式时周公之猷训，惟日孜孜，无敢逸豫。凡人未见圣，若不克见；既见圣，亦不克由圣。尔其戒哉！（《尚书·君陈》）

公元前十一世纪末期，周人在取得政权后，深刻认识到国家的命运取决于民众的支持与拥护，民心的向背决定了政权的稳固与否。因此，周人提出了"民惟邦本"和"德治"的重要原则，认为统治者应当顺应民意，以德服人，以此来维系国家长治久安。周公旦作为周武王的弟弟，在周武王驾崩后辅佐成王摄政。周公去世后，成王任命周公的儿子君陈履行其父亲的职责，继续管理东部的殷商遗民，并要求君陈严格遵守周公制定的治殷常法，坚持德政，对殷民进行根本性的改造与教育。而成王发布的关于此安排的正式文件，被史官记载下来，成为了经典文献的一部分，其中包含着成王对君陈的训诫和期望。这份文献以君陈的名字命名，反映了周朝早期对德政传承和民族融合的重要实践。

5. 大学之道在明明德，在亲民，在止于至善。（《礼记·大学》）

在儒家教育体系中，"大学"相比于"小学"的基础教育，是更注重道德修养和人格完善的高级阶段。在"大学"阶段，教育的目标着眼于培养个体的道德情操和人格魅力，并期望通过个人的道德提升来影响他人，进而对整个社会产生积极作用。儒家认为，每个人内心深处都具备先天的美好道德本质，但由于后天种种欲望和诱惑的影响，这些美德可能会被掩盖或忽视。因此，通过"大学"的教育和自我修养，个体可以拂去心灵尘埃，挖掘并展示出内在的光明品德。"亲民"意指让人不断地更新自我，涤荡旧恶，追求道德上的自我革新与提升。"止于至善"并非单纯指向个体道德完善，而是期望所有人在道德层面都能达到并保持在最完善的状态，共同构建一个道德昌明的社会。

6. 生,亦我所欲也。义,亦我所欲也。二者不可得兼,舍生而取义者也。(《孟子·告子上》)

孟子主张的舍生取义精神,强调在面临生死考验和道德冲突时,人的道德选择应超越对生命的本能保护而坚守道义原则。他提出的大丈夫形象,是人格独立、坚守道德的典范,不受外在物质条件和压力所左右,始终坚持内在的道德信念和人格尊严。在现实生活中,尽管人们可能在不同环境下表现出不同的道德抉择,但舍生取义的精神要求人们在关键时刻能够做出高尚的选择,即使面临生死存亡,也不能放弃道义原则,宁愿牺牲生命也不妥协于邪恶与不义。孟子的这一思想不仅在古代中国诸多英雄事迹中得到了生动体现,也深深影响了中华民族的道德观和价值观,成为衡量人格高低和评判行为正当性的标尺。这一精神遗产至今仍对中华民族乃至全人类的精神世界产生着积极的影响。

7. 古之欲明明德于天下者先治其国,欲治其国者先齐其家,欲齐其家者先修其身,欲修其身者先正其心,欲正其心者先诚其意,欲诚其意者先致其知,致知在格物。物格而后知至,知至而后意诚,意诚而后心正,心正而后身修,身修而后家齐,家齐而后国治,国治而后天下平。(《礼记·大学》)

在中国传统文化中,"修齐治平"这一理念源自儒家经典《大学》,是儒家伦理道德和政治哲学的核心思想。它概述了一个循序渐进的道德修养和实践过程，旨在通过个人的道德修养最终实现社会和谐与天下太平的理想。"格物、致知、诚意、正心"是个人内在修养的四个步骤，即通过探究事物的本质、获取正确的知识、培养真诚的意念和端正内心，逐步提升个人的道德品质。"修身、齐家、治国、平天下"是将内在道德修养外化为社会行动的四个阶段，即通过修身提高个人的道德素质，进而使家庭和谐，进而有能力治理好国家，最终实现社会公正与天下太平。这一思想体系强调个体的道德修养和社会责任是相辅相成的，个体的道德品质越高，对家庭、国家乃至天下的贡献越大。

8. 至哉坤元，万物资生，乃顺承天。坤厚载物，德合无疆；含弘光大，品物咸亨。（《周易·坤》）

在《周易》中，坤卦象征着大地母亲，寓意着孕育、承载和滋养万物的力量。大地以其深厚、宽广、顺承的特性，对应着臣道或母性之道，强调的是承载和辅助的德性。在乾坤之道中，乾为天，象征着阳刚、创始和积极进取的精神；坤为地，象征着阴柔、包容和谦逊退让的品质。坤卦所倡导的处世哲学，主张在行动上应具备柔韧与谦让，但同时不失原则和洞察力；要学会在细节中预见事物的变化，及时预防问题的发生；坚持中庸之道，做到内方外圆，既有原则性又有灵活性。在实际的生活和工作中，坤卦的智慧提醒我们要懂得适时隐藏锋芒，以谦逊低调的姿态积蓄力量，同时根据环境和情况的变化灵活应对，保持内心的坚定与外在的圆融，做到既能承载万物又能应变自如。

9. "大上有立德，其次有立功，其次有立言。"虽久不废，此之谓不朽。（《左传·襄公二十四年》）

公元前549年，晋国的范宣子与鲁国的叔孙豹围绕"不朽"的主题展开了一场深刻的讨论。范宣子认为家族世袭贵族的身份和地位可以算作"死而不朽"，但叔孙豹对此有不同的见解。他指出，单纯的世代延续并不能代表不朽，真正的不朽是个人在道德、功绩和言论三个方面所留下的影响。叔孙豹提出了著名的"三不朽"观念，即"立德、立功、立言"。他认为，一个人如果能够在道德修养上达到极致，树立高尚的道德典范，在社会活动中建立卓越的功勋，对国家、民族或社会做出重大贡献，并在思想文化领域留下启迪后世的言论著作，那么即使肉体消亡，其精神和影响也达到不朽的境界。德、功、言三者相辅相成，德是基础，功与言是德的体现，功与言又反过来印证了德。

10. 道生之，德畜之，物形之，势成之。是以万物莫不尊道而贵德。道之尊，德之贵，夫莫之命而常自然。故道生之，德畜之；长之育之；亭之毒之；养之覆之。

生而不有，为而不恃，长而不宰，是谓玄德。（《道德经·五十一章》）

在老子的哲学体系中，"道"被赋予了宇宙本源和万物生成的源泉的含义，它无形无象，却无所不在，无所不能，默默地生成和滋养万物，遵循着自然无为的原则，不强行干预万物的生长与变化。老子强调"生而不有，为而不恃，长而不宰"，意味着道并不占有、依赖或主宰万物，而是提供一个让万物自行繁衍和发展的环境。"德"则是"道"在万物生长过程中的具体体现，它负责养护和哺育万物，使其能够按照自然规律健康茁壮地成长。统治者应当效仿"道"之无为而治的精神，同时具备"德"之养育万物的胸怀，不居功自傲，以谦逊和包容的态度对待民众，让民众在无压之下自由自在地发展，仿佛一切都在自然而然的状态下进行，如此才能赢得民众的衷心拥戴和尊重。

11. 穷不失义，故士得己焉；达不离道，故民不失望焉。古之人得志泽加于民，不得志修身见于世，穷则独善其身，达则兼善天下。（《孟子·尽心上》）

孟子倡导的"穷达之道"核心在于不论个人处境如何变迁，都要始终坚持道德原则和社会责任。在穷困之时，即面临生活困境乃至生死存亡考验之际，孟子主张即使物质条件极其匮乏，也不能抛弃做人的根本，即"道义"。他认为，个人的言行举止应始终符合道德准则，即使面对困难，也要做出符合道义的选择，因为这是人格独立和精神尊严的体现。若因生活压力而背离道义，则会导致个体道德品质的堕落，进而无法达到儒家追求的"仁"的境界。而在显达之时，即身处高位、拥有权力与资源之际，孟子强调的是运用这些优势去造福社会、关怀民生。所谓"泽加于民"是指要实行仁政，通过个人影响力和职务功能，推行利于人民的政策，体现儒家"兼善天下"的社会责任感。

第三章
和而不同、共生并进的价值追求

"和而不同"是中华民族的文化基因。它强调在保持主体差异性的同时,追求多元主体间的和谐共处。世界的多样性和差异性是其活力和创造力的源泉,通过对话、理解、包容和达成共识,可以促进不同文化间的相互尊重与合作,进而推动全球文明的交流互鉴与和谐共生。在全球化的今天,人类社会面临着前所未有的挑战,包括文化冲突、资源争夺、环境问题等。在这些问题面前,单一的文化或国家的力量往往难以独立解决。因此,"和而不同"的理念提供了一种解决问题的新思路,即通过对话合作,求同存异,实现共赢。此外,"和而不同"的理念也强调了多样性的价值。在文化层面,它鼓励人们欣赏和保护各种文化的独特性，而不是追求文化同质化。在经济层面，它倡导国家之间的互补合作，而非零和竞争。在社会层面，它提倡个体之间的相互尊重和理解，而不是排斥和歧视。我们应坚持"和而不同"的精神，以开放包容的态度接纳世界多元文化，运用智慧化解矛盾纷争，以期在维护自身文化特色的同时，展现中华文化的深厚底蕴和独特魅力，推动全人类共享和平、共同发展。在追求民族复兴和人类进步的道路上，"和而不同"是一种深邃的文明智慧，它为我们提供了理解和应对当今世界复杂问题的新视角。通过推广和实践这一理念，我们可以朝着构建更加和谐、多元和可持续发展的世界迈进。

第一节　和实生物，同则不继

1. 夫和实生物，同则不继。以他平他谓之和，故能丰长而物归之，若以同裨同，尽乃弃矣。（《国语·郑语》）

西周太史史伯的"和同之辨"，是中国古代哲学思想中关于对立统一原理的重要体现。他通过对当时社会现象的深刻洞察，提出"和实生物，同则不继"的观点，这是对宇宙万物生成和发展规律的一种高度抽象概括。"和"在这里意味着多样性的和谐共存与协调统一，史伯提出的"以他平他"，实质上蕴含着对立面之间相互作用、相互补充、相互转化的思想，这种动态的平衡和融合正是万物生长、变化和发展的基础。例如，自然界中五行相生相克的关系，以及生活中五味调和等，都是"和"这一哲学理念的具体应用。"同则不继"则表达了单一、雷同状态下事物无法持续发展和创新的观点。一味地追求同一、排斥异己，会阻碍事物内部的矛盾运动，导致生机停滞，丧失生命力和创造力。

2. 和如羹焉，水火醯醢盐梅以烹鱼肉，燀之以薪。宰夫和之，齐之以味，济其不及，以泄其过。君子食之，以平其心。君臣亦然。（《左传·昭公二十年》）

晏婴是春秋时期齐国的名相，他在谈论"和"与"同"的区别时，强调了"和"相较于"同"在社会治理、国家稳定和个人成长等方面的重要性。其一，"和"的状态并非抹杀个性或差异，而是倡导在差异中寻求共识，达到一种动态的平衡和互补，使各方能够在保持自身特色的同时，共同促进整体的繁荣与发展。其二，在处理人际关系和国际关系时，应当依据普遍的道德准则和人心向背来评判是非，而不是依据个别人的喜好或者狭隘的利益。其三，"和"与"同"虽然在表面看似对立，但从更深层次上看，二者存在着一定的统一性。如《郭店楚简·五行》所述的"和则同，同则善"，说明在理想状态下"和"可以导向"同"，意即在差异基础上达成的和谐最终能够成就美好局面。

3. 君子食和羹以平其气，听和声以平其志，纳和言以平其政，履和行以平其德。夫酸咸甘苦不同，嘉味以济，谓之和羹；宫商角徵不同，嘉音以章，谓之和声；臧否损益不同，中正以训，谓之和言；趋舍动静不同，雅度以平，谓之和行。（《申鉴·杂言上》）

东汉末期，随着黄巾起义爆发和群雄割据，中国社会逐渐陷入长期的政治动荡和分裂状态。在此背景下，尽管社会结构和思想文化面临深刻变革，但传统儒家思想，特别是对于道德规范和祭祀礼仪的重视，仍然深深植根于文人士大夫的思想体系中。先秦诸子百家的思想，尤其是关于饮食的哲学寓意和道德寓言，在当时仍然被文人们沿袭和应用。比如通过饮食的节制与适度提倡君子应节俭与自律，通过宴饮场合的礼让体现群体和睦与社会秩序的重要性。东汉末期的文人借由饮食文化的隐喻和祭祀礼仪的实践，继续探索和表达着如何在现实生活的世俗享受与超越性的精神追求之间取得平衡，进而引导人们在动荡不安的时代坚守道德准则，深化对生命价值和宇宙秩序的理解。

4. 和则固无乖戾之心，只以无乖戾之心为和，恐亦未尽。若无中正之气，专以无乖戾为心，亦与阿比之意相邻，和与同未易辨也。中正而无乖戾，然后为和。（《四书辨疑》）

朱熹在《四书章句集注》中对"和"的解释并未停

留在表面的和谐、调和，而是上升到了人格品质与道德修养的高度。他认为"和"体现的是一种内心的中正平和，即没有乖张暴戾的心态，这种"和"在君子身上表现为能够纠正身边人的错误，包括君王、父亲、师长、朋友等，体现出君子的公正与担当。"和"与"同"在朱熹的诠释中有着鲜明的对比："和"意味着君子能够容纳不同的意见和观念，秉持正直的原则，即使面临小人的苟同附和，也能坚守自己的道德立场，不受外界不良影响，始终保持内心的一份平静和端正。这种"和"并不等于简单的认同一切，而是包容差异，追求真理，以公正无私的态度进行交往和争论，即便存在分歧，也能保持对他人的尊重和友善。

5. 德、刑、详、义、礼、信，战之器也。德以施惠，刑以正邪，详以事神，义以建利，礼以顺时，信以守物。民生厚而德正，用利而事节，时顺而物成，上下和睦，周旋不逆，求无不具，各知其极。（《左传·成公十六年》）

春秋时期的思想家们对"和"与"同"进行了深入探讨，并将其应用到社会各个领域的治理与实践中。他们认识到，"和"指的是多样性的和谐统一，即允许并尊重差异的存在，通过调和不同，达到整体的和谐稳定；而"同"则是要求绝对的一致性，缺乏必要的包容与多样性。在军事领域，春秋时期的战略家们意识到，军队内部的"人和"至关重要,这里的"人和"相当于现代所说的团队凝聚力和士气,涵盖了将领与士兵之间的和睦、士兵与士兵之间的团结协作、民众对战争的支持程度等因素。正如申叔时所言,军队能否取胜,除了依赖于天时、地利等外部条件之外,内部的"上下和睦""民生敦庞,和同以听""莫不尽力以从上命"这些因素起到了决定性作用。

6. 故曰同气贤于同义,同义贤于同力,同力贤于同居,同居贤于同名。帝者同气,王者同义,霸者同力,勤者同居则薄矣,亡者同名则粗矣。(《吕氏春秋·有始览》)

战国时期,各家学派对"和""同"思想都有独特的阐释。道家主张"无为而治",在"和""同"的问题上强调顺应自然,万物因顺应自然而互相感应、契合,推崇自然而然的和谐状态。墨家关注社会和谐,强调平等、博爱的理念,认为只要人们去除自私和偏见,以同样的爱心对待他人,就能达到社会的大同状态。上文从物类相同互相吸引的自然现象出发,延伸至人类社会中君臣父子之间的互动,再到国家治理和历史评价,揭示了"和""同"思想在不同领域内的具体应用。古人以"同气"为最高层次的认同,认为同类的事物会自然地汇聚一处,同时也指出了在伦理道德和政治评价方面,人们根据自身的特性、信念和行为选择与之相应的朋友、伙伴和归属，体现了中国古代朴素的类比思维和伦理观念。

7. 君子以义为尚，所与共事功者，皆君子也。事无所争，情无所猜，心志孚而坦然共适，和也。若夫析事理于毫芒，而各欲行其所是，非必一唱众和而无辨者也，不同也。（《四书训义》）

"和而不同"这一待人接物的原则，首先强调的是对个体差异和多元化的尊重。在实际操作中，它要求我们在面对不同意见、观念、习俗和生活方式时，首先要充分认识到差异的普遍存在且合理合法，不强求一律，也不试图消灭差异。换句话说，就是在承认和尊重多样性的同时，探寻事物内部的关联性与和谐性，通过协调和化解各种矛盾冲突，使每个个体、每种文化、每个群体都能在和谐共处的前提下，得到各自适宜的发展空间和满足，实现"各美其美，美人之美，美美与共"。孔子将"和而不同"提升为理想人格的标准，这是因为这一理念体现了宽容、包容、尊重和理解的价值观，鼓励人们在差异中寻求共识，在对话中增进理解，在包容中共建和谐社会。

8. 故乐在宗庙之中，君臣上下同听之，则莫不和敬；闺门之内，父子兄弟同听之，则莫不和亲；乡里族长之中，长少同听之，则莫不和顺。故乐者，审一以定

和者也，比物以饰节者也，合奏以成文者也，足以率一道，足以治万变。（《荀子·乐论》）

音乐在人类生活中扮演着多重角色，它不仅能够满足人们的情感表达和审美需求，还可以在深层意义上调节人们的情绪、培养道德情操，对社会稳定与和谐起到重要的辅助作用。荀子认为音乐是情感的直接表达形式，其旋律、节奏的变化能够深深地触动人的内心世界，快速地感染和改变人的精神状态。好的音乐不仅能够引发听众的情感共鸣，还能够引导人们追求高尚的道德情操，帮助社会风气趋向良好，这对于社会治理和国民教育具有积极意义。他进一步阐述了音乐与礼制的关系，主张音乐应与礼紧密结合，两者相辅相成。礼用来区分社会等级、规范行为，而音乐则在保持这种区分的基础上，通过情感交流和精神共鸣来达到心灵上的统一，即"乐合同，礼别异"。

9. 和者大同于物，物无得伤阂者，游金石，蹈水火，皆可也。（《列子·黄帝》）

列子，相传是战国早期的道家学者，他继承和发展了老子的道家思想，提倡无为而治，主张顺应自然，调和身心，以达到与道合一、超脱物外的精神境界。在列子记载的故事中，赵襄子通过一次打猎的经历，见识到了一位神秘人物能够无视火与岩石的物理限制，轻松穿越，显示出一种超乎常人的境界。当赵襄子对此感到惊讶并向这位奇人请教时,对方表现出对一般概念如"石头"和"火"的超越认知,暗示他已经达到了与外界环境浑然一体,不再受常规物理规则约束的修行境界。魏文侯得知此事后,询问儒家学者子夏,子夏解读这一现象时,传达了关于物我合一的理念,认为那位神秘人物已修炼至物我不分、内外无别的境地,故而能够不受外在环境的束缚。

10. 形莫若就,心莫若和。虽然,之二者有患。就不欲入,和不欲出。形就而入,且为颠为灭,为崩为蹶。心和而出,且为声为名,为妖为孽。(《庄子·人间世》)

颜阖与蘧伯玉的对话,实际上是在探讨如何在复杂的现实环境中,遵循人性本质,采取恰当的生活态度和处世哲学。"形莫若就,心莫若和",这句话的核心含义是建议人们在适应外在环境时,行为上应随遇而安,顺势而为,而在内心深处,应追求和谐宁静,坚守道德原则,保持内心的清明与坚定。庄子通过这个对话传递了一种既要有原则性又要有灵活性的生活智慧。在社会生活中,人们需要在遵守内在道德准则、保持人格独立与尊严的同时,对外界变化和人际交往保持适度的圆融与机智。孔子所说的"深则厉,浅则揭",更是教导我们要根据不同情境做出最适宜的选择,这是一种在变动不居的世界中,以"和而不同"的心境和行为策略,达到自我保护和发展的智慧之道。

11. 君子心和，然其所见各异，故曰不同；小人所嗜好者同，然各争利，故曰不和。（《论语集解》）

君子之间的交往，虽在具体见解上可能存在差异，但他们能理性看待并接纳这些差异，通过真诚沟通和对话，求大同存小异，最终实现整体和谐与进步。与此相反，"同而不和"则指表面上看似一致，但实际上缺乏深度交流，并非真正和谐。小人在与人交往时，容易屈从于他人的压力或期待，表面迎合，内心却未必赞同，这种表面的一致并不能带来真正的内在和谐与长久的合作，往往导致团体内部的不稳定和矛盾积累，不利于社会和谐与集体智慧的增长。因此，"和而不同"与"同而不和"这两种现象，揭示了人际关系和社会组织中两种截然不同的互动模式，前者指向的是健康的、具有创造性和可持续性的社会关系构建，后者则警示了可能导致虚伪、冲突和停滞不前的社会病态现象。

第二节　君子之和，刚健中正

1. 君子泰而不骄，小人骄而不泰。（《论语·子路》）

"泰"在中国传统文化中，代表着和谐顺畅、从容不迫，特别是在人际关系和社会秩序中，它体现了人与人之间的心意相通、和谐共处。君子之间的"泰"，源于他们的道德修养和人格品质，他们能相互尊重、谦逊礼让，无论处于何种境况，都能保持内心的泰然和人际的和谐。君子要做到"泰而不骄"，即使在成功或地位显赫之后，仍能保持谦逊低调，不因自身的优越而轻视他人，更不会放纵情欲、骄傲自满。君子凭借内心的修为，遵循中庸之道，理智节制情感欲望，使其不偏离正轨，始终保持一颗平和包容之心。相比之下，小人在得志后往往易于骄纵，放任情欲、失去节制，这就违背了"泰"的真谛，反映出其人生观和价值观的偏颇，人生格局也因此变得狭隘。

2. 君子食无求饱，居无求安，敏于事而慎于言，就有道而正焉，可谓好学也已。（《论语·学而》）

孔子告诫弟子们不要过于在意饮食的丰盛、居住环境的舒适与否，以免陷入物欲的旋涡，而忘记了精神层面的充实与提升。君子在日常工作中应展现出高效能、行动迅速和做事认真细致的态度，同时说话要谨慎，不轻易发表未经深思熟虑的意见，确保言语行为皆符合道德规范。孔子倡导君子应有高尚的情操和明确的理想追求，不应为物质利益所左右，而是要有意识地摒弃低级趣味，追求高尚的精神境界和道德理想。君子不仅要努力提升自我，还要时刻保持自我反省，勇于接受道德高尚之人的指正，以确保自己的行为始终"合于道"。可见，孔子对君子的界定依据不仅仅是道德上的高标准严要求，还包括了在日常生活、学习、工作各个方面体现出的高洁品行和坚韧不拔的精神追求。

3. 君子之道，淡而不厌，简而文，温而理，知远之近，知风之自，知微之显，可与入德矣。（《礼记·中庸》）

《中庸》这部儒家经典，在探讨宇宙自然规律"天地之道"以及道德哲学的最高境界"至诚之道"的同时，特别着重阐述了实践这些道理的具体人格体现，即君子。君子是儒家文化中的理想人格模型，他们通过修身齐家进而治国平天下，是实现社会和谐进步的主体。在《中庸》中，君子之道体现在内修外行两方面，他们遵循中庸的原则，行事不偏不倚，既不过分张扬，也不过分隐晦，就像《诗经》中"衣锦尚䌹"所比喻的那样，即使身着华服，也懂得内敛含蓄，不炫耀于外。君子注重内在修为，其道德力量并非靠外在表象展示；虽然表面看似暗淡，但随着时间推移和实践检验，其光芒会越来越耀眼。与之相反的是小人之道，表面看似夺目，实则难以持久，光芒最终会消失殆尽。

4. 忿恤忧恨者，生之伤也；和说劝善者，生之养也。君子慎小物而无大败也。行中正，声向荣，气意和平，居处虞乐，可谓养生矣。（《春秋繁露·循天之道》）

董仲舒在其著作《春秋繁露》中，继承和发展了先秦以来的儒家思想，尤其是将《易经》的阴阳学说与医学理念相结合，构建了一套独特的生命哲学和伦理学体系。他提出的"人副天数"观点，认为人体结构及其功能与自然界有着密切对应关系。这种观念引导人们追求与天地规律相符的生活方式和道德规范，通过顺应自然、调节身心来达到养生的目的。董仲舒强调"循天之道，以养其身"，倡导通过效仿天地运行的中正和谐来养护生命，主张"夫德莫大于和，而道莫正于中"。这里的"中"是指符合自然法则的平衡状态，"和"则是指各种对立因素间的协调统一。他认为君子应该遵循中和之道，使其精神活动能够与天地自然的韵律同步流转，实现真正意义上的"天人合一"。

5. 君子矜而不争，群而不党。（《论语·卫灵公》）

"矜而不争"与"群而不党"是中国古代儒家文化中关于君子人格的重要表述。"矜而不争"体现的是君子的内在修养和待人接物的态度，他们保持庄重谦逊，不与他人攀比竞争，即使有所成就也不会骄傲自满，而是以自尊自重为原则，追求内在的道德完善。君子的"矜"是对自己德行的要求和肯定，而非对外炫耀和自傲。"群而不党"则强调君子在社交中应广结良缘，积极参与群体活动，但决不搞宗派主义或结党营私。君子以共同的道德信念和价值追求为基础，形成一个和谐共处、各尽所能、互帮互助的群体，这个群体内部虽有差异，但却能相互尊重，和谐共生。"矜而不争"与"群而不党"这两个原则，旨在塑造人格高尚、品行端正、以德为先、团结而不结党的君子形象。

6. 君子有三戒：少之时，血气未定，戒之在色；

及其壮也，血气方刚，戒之在斗；及其老也，血气既衰，戒之在得。（《论语·季氏》）

孔子关于"君子有三戒"的教导，是对人生不同阶段应有不同行为规范的深刻阐释。这一思想不仅体现了儒家对于个人修养的重视，也反映了对于人的心理和生理变化的深刻理解。在青春期，人的生理欲望开始觉醒，血气方刚，容易受到外界诱惑，导致行为失控。孔子认为，年轻人应当学会自我控制，避免沉溺于感官之乐，以免影响身心健康。壮年时期，人的身心都处于鼎盛状态，但同时也是事业竞争最为激烈的时期。孔子强调，壮年时期应当以理性和宽容来克制好斗之心，避免无谓的争斗和冲突，保持内心的平和。随着年龄的增长，人的身体逐渐衰老，但对物质和名誉的追求可能并未减弱。孔子提醒老年人要放下对名利的执着，注重精神层面的修养，追求内心的宁静和满足。

7. 故君子有礼，则外谐而内无怨。（《礼记·礼器》）

"礼"被视为达到"大顺"和谐社会状态的重要工具和途径，它具有消除丑恶、提升美德的力量，规范人的行为使其公正合理，促进事物的发展与进步。"礼"就好比竹箭之青皮和松柏之实心，其在外展现出的是道德风范和人格魅力，在内蕴含着坚定信念和高尚情操，这样的君子能够内外兼修，既与外界融洽相处，又能在家族内部维系深厚的亲情。"礼"由内在的忠信实质和外在的得理合宜两部分组成，缺一不可。内在的忠信是礼的精神内涵，是决定礼之为礼的根本；外在的得理合宜是礼的实践方式和表现形式，二者相辅相成，共同构成了君子遵循礼制、实现人际和睦与家庭和谐的基础。对"君子有礼"的强调，体现了中华优秀传统文化中崇尚礼仪、以礼立身的深刻智慧。

8. 故君子和而不流，强哉矫！中立而不倚，强哉矫！国有道，不变塞焉，强哉矫！国无道，至死不变，强哉矫！（《礼记·中庸》）

孔子与子路的对话深入探讨了何谓真正的"强"。子路以其勇猛好斗的性格特点，最初对"强"的理解侧重于身体力量、战斗力等外在表现。然而，孔子借机阐述了更深层次的"强"的含义。孔子提到的"南方之强"表现为宽容温和的教育态度，即使面对不公也不会采取报复手段，强调的是内在涵养与道德自律，展现了一种柔性力量，体现为人格层面的坚韧和道德上的坚守。而"北方之强"则描绘了身处战乱或者尚武环境下的人们，他们勇敢无畏，随时准备为保卫家园挺身而出，这反映了一种刚烈坚毅的品质。孔子并不否定这两种"强"的存在，但他进一步升华，提倡"中庸之强"。这种强不仅包括宽容忍耐和勇猛刚毅，更强调一种平衡适度和不偏不倚的生活态度与道德实践。

9. 君子周而不比，小人比而不周。（《论语·为政》）

"周"在此处被解释为广泛、全面、公正无私，代表着君子行事的原则，他们以忠信为本，对待所有人都秉持同样的道义标准，无论贫富贵贱，都愿意给予帮助和支持。这种行为是基于共同遵守的道德规范和社会正义，而非出于个人利益的考虑或临时性的利益联盟。相反，"比"在这里指的是偏私、结党营私的行为，小人在交往中只关注自身利益，倾向于同那些能给自己带来直接好处的人亲近勾结，他们的关系建立在共同的利益基础之上。朱熹在《四书章句集注》中的阐释进一步明确了这一点，认为"周"具有普遍、公正的意义，而"比"则含有偏袒、结党的意味。君子与小人的区别，重点在于是否具备忠信和公道的精神内涵，而非仅仅依据他们在社会结构中的位置。

10. 质胜文则野，文胜质则史。文质彬彬，然后君子。（《论语·雍也》）

理想的君子应当文质并重、内外兼修，既要有深厚的人格内涵和纯真的道德品质，又要具备良好的文化修养和得体的交际能力，在言行举止之间体现出中庸之道的智慧和分寸感。"文"涵盖了文化教养、文学艺术、礼仪规范以及言谈举止等，它是通过学习和修养形成的外在表现，代表了一个人的社会素养和文化水平。"质"则指向人的内心世界，包括真诚、淳朴、善良等基本道德品质以及未经雕琢的自然本真状态。"质胜文则野"警示人们，若过于朴实无华，忽视必要的文化修养和社交规范，个体就会显得粗犷、缺乏教化；"文胜质则史"则批评了过于矫饰、流于表面的现象，指出如果过于追求形式、忽视实质，会使人变得空洞、浮夸，丧失君子应有的真实与诚信。

11. 君子美其情，贵其义，善其节，好其容，乐其道，悦其教，是以敬焉。（《郭店楚简·性自命出》）

君子注重培养和展示自己美好的情感，这里的"美"不仅指情感本身的纯洁和善良，还包含了情感表达的适当和含蓄。君子尊崇道义，认为道义是人生行动的根本准则，一切言行都以道德规范为准绳，遵循公正、公平、诚信的原则。君子严守节操，对自己有所约束，懂得在适当的时候克制自己的欲望和冲动，以保持人格的完整和尊严。君子注重仪容仪表，讲究举止大方得体，以此体现内在的修养和外在的形象。君子热衷于探索真理，乐于遵循正道，以求不断提升自我，实现精神境界的升华。君子积极接纳教育和教诲，乐于从他人那里学习知识和经验，不断充实和完善自我。因此，君子始终保持一颗敬畏之心，无论是对人对事还是对自身修养，都体现出恭敬严肃的态度。

12. 君子处仁以义，然后仁也；行义以礼，然后义

也；制礼反本成末，然后礼也。三者皆通，然后道也。（《荀子·大略》）

在荀子看来，"仁"虽是爱人的基本情感，但并不是简单的情感流露，而是需要通过理智与规范的"义"来加以引导和实行。这意味着，真正的"仁"不是盲目或者无原则的爱，而是经过理性考量、符合道义原则的爱。"义"不仅仅是道理、原则，更是应该付诸实践的行为准则。它要求人们根据道德规范来妥善处理人与人之间的情感关系，尤其是要在复杂的社会生活中做出明智、果断的抉择。荀子强调"处仁以义"，就是在实施仁爱的过程中必须以义为导引，这意味着对人情和人欲的理解和把握要遵循正当的道德价值。另外，荀子赋予"义"以果敢和决断的特质，认为在面对新的情况和挑战时，君子应该不畏惧变革，也不拘泥于旧的礼制框架，做到不失原则的同时灵活应变。

13. 子为政，焉用杀？子欲善而民善矣。君子之德风，小人之德草。草上之风，必偃。（《论语·颜渊》）

在儒家的政治思想中，"所过者化"这一观点生动表达了政治领导者道德品质与教化作用之间的密切关系。孔子提出，优秀的政治领导者如同清风一般，其高尚的道德风范和恰当的施政举措，能够对所接触到的民众产生良好的教化效果，就如同风吹，草自然而然地随之摇曳。为政者的德行犹如风向标，引导和影响着整个社会的道德风气和价值取向。为政者应以自身的道德修为和典范作用来引导民众，推行德治，即通过道德教化来提升百姓的道德素质和改善社会秩序。百姓在接受教化的过程中，会逐渐从"小人"转变为遵循道德规范的公民。在这一过程中，为政者的言传身教至关重要，他们必须做到"身正令行"，才能期望百姓接受并实践仁义之道，进而推动社会的和谐与进步。

14. 今天下之王公大人士君子，中实将欲遵道利民，本察仁义之本，天之意不可不顺也。（《墨子·天志中》）

墨家的君子之道具有鲜明的特点，它不仅是一套道德规范，更是一种实践的生活态度。墨家认为，君子应当通过自己的努力来改变命运，而不是被动地接受命运的安排，这种思想鼓励人们积极面对生活中的困难和挑战。此外，君子应当勇于承担责任，敢于迎难而上。在面对困难和挑战时，君子应当自我约束，随时准备扶危救弱，而不是逃避责任。墨家的君子之道还包含了自我牺牲的精神。君子为了实现天下大义，愿意损己利人，甚至不惜牺牲自己的利益。这种精神体现了墨家对于公共利益的高度重视。墨家的君子之道是对一种理想化人格的追求，墨子本人就是这种君子的典范，他不仅提出了一系列先进的思想，还亲自实践，积极参与到各种社会活动中，努力实现兼爱非攻的理想。

第三节　海纳百川，美美与共

1. 太和，和之至也。道者，天地人物之通理，即所谓太极也。阴阳异撰，而其絪缊于太虚之中，合同而不相悖害，浑沦无间，和之至矣。未有形器之先，本无不和，既有形器之后，其和不失，故曰太和。（《张子正蒙注·太和篇》）

张载将《易传》中提到的"保合太和"进行深化，赋予了更加丰富和深刻的内涵。在他看来，"太和"不仅代表了宇宙间的和谐状态，更是宇宙生成和演化过程中最根本的动力源泉和规律表现。他认为，"太和"是宇宙大道的具体显现，内在地包含了阴阳对立统一的原理，即"浮沉""升降""动静"等相反而相成的特性，这些特性相互感应、相互激荡，构成了万物生生不息、变化无穷的过程。张载所谓的"太和"之道，不仅是静态的和谐，更是动态的创生和持续的转化，它体现为宇宙万象从微小、简易的状态发展到广大、繁复的状态的历程。总的来说，"太和"作为儒家长期以来追求的理想境界，不仅是万物存在状态的本来面目，更是个人修养和人类社会应当追求的至高境界。

2. 夫和羹之美，在于合异，上下之益，在能相济。（《三国志·魏书》）

"和羹之美，在于合异"这一观念，通过夏侯玄的事迹及言论得以流传下来。夏侯玄生活在三国时期曹魏政权下，以其卓越的政治见解和人格魅力著称。他在论述治国理念时，强调国家治理就像调制美味羹汤一样，需要恰当地协调和融合各方不同的意见、资源和力量，这样才能实现最佳的政策效果。"上下之益，在能相济"则是进一步阐述了不同层级之间的关系，指出上下级之间如果能够相互协作、互补长短、共同进退，那么整个组织或国家就能得到更大的利益和进步。在全球化背景下，各国文明之间的交流互鉴、和谐共生显得尤为重要，倡导不同文化、价值观之间的包容与合作，借鉴各自优秀的成分，尊重差异，共同发展，这正是"和羹之美，在于合异"所提倡的精神内核。

3. 仲尼祖述尧、舜，宪章文、武，上律天时，下袭水土。辟如天地之无不持载，无不覆帱；辟如四时之错行，如日月之代明。万物并育而不相害，道并行而不相悖。小德川流，大德敦化。此天地之所以为大也。（《礼记·中庸》）

上文诠释了《中庸》中蕴含的和谐共生与包容并蓄的哲学思想。"万物并育而不相害，道并行而不相悖"，意味着自然界万物在共同生长、发展的过程中能够和谐共存，各自遵循其内在的发展规律而不相互排斥、损害；同样，社会、文化、思想等领域的"道"亦可以并行不悖，各自发挥其作用，不必为了自身而牺牲他者，体现了包容精神与和谐理念。"位育"思想源于《中庸》开篇，强调"致中和，天地位焉，万物育焉"，旨在说明每一个个体、每一个群体都应该找到并保持适合的位置与状态，使得宇宙间的万物各安其位、各得其所、和谐共生，充分发育成长。这一思想旨在要求人们在维护自身权益与发展的同时，尊重并容纳他人的存在与发展，追求多元主体间的平衡与和谐。

4. 一花独放不是春，百花齐放春满园。（《增广贤文》）

这句话象征着多元化和集体主义精神的重要性。任何一个孤立的个体或单一的文化都不能代表全部，也不能独自支撑起一个繁荣昌盛的局面。只有当众多个体或多种文化相互交融、共同绽放时,才能产生真正的繁荣和活力。这种理念提醒我们,在推动社会发展和文化进步的过程中,应当珍视和保护多样性,倡导包容与共享,让所有成员都能自由发展、各展所长,最终共同构建一个充满生机、和谐共融的社会生态系统。在生态文明层面,这句话提示我们维护生物多样性的必要性,各类物种共同构建生态平衡,缺失任何一种生物都可能破坏生态链的完整性。而在文化层面,倡导百花齐放则意味着尊重和保护各种文化传统的独特性,鼓励文化交流互鉴,共同促进人类文明的繁荣进步。

5. 夫物之不齐,物之情也。或相倍蓰,或相什百,或相千万。子比而同之,是乱天下也。巨屦小屦同贾,人岂为之哉?从许子之道,相率而为伪者也。恶能治国家?(《孟子·滕文公上》)

孟子承认并尊重事物的差异性。他以鞋子为例,指出物品因其质量、工艺、材质等因素的不同,其价值存在着显著的差异,如果无视这些差异强行等同对待,将会破坏市场机制,阻碍生产积极性和技艺的进步。孟子的理念在社会管理、价值判断乃至个人修养等方面都强调了尊重个体特性和差异化的重要性,这也是儒家思想中强调的"因材施教""各安其分"等理念的体现。此外,庄子的"齐物论"是道家哲学的一大特色。庄子虽然认识到万物表面上千差万别,但他从更高层次的"道"

的视角出发，认为在现象的背后，万物本质上是同一的，不存在绝对的、永恒不变的差异。他主张以包容的心态看待差异，寻找万物相通之处，体现了道家顺应自然、追求精神自由的哲学精神。

6. 朕以持三教之论，亦惟得其平而已矣。能得其平，则外略形迹之异，内证性理之同，而知三教初无异旨，无非欲人同归于善。夫佛氏之五戒十善，导人于善也；吾儒之五常百行，诱掖奖劝，有一不引人为善者哉。（《雍正皇帝上谕》）

在中国历史上，儒释道三教在文化与哲学上相互渗透、相互影响，形成了独具特色的中国传统文化格局。儒家注重人伦道德和社会秩序的建构，提倡仁义礼智信，强调社会责任与伦理道德，通过道德教化培养出能够参与社会治理、维护社会稳定的人才。佛教则注重个体内心的解脱与超越，通过禅定、智慧和慈悲的修炼，教导人们放下执着，追求涅槃寂静，以达到内心的宁静与和谐，从而促进社会安定与人心向善。道教主张人与自然和谐共处，强调个体生命的自然流转和身心修炼，提倡清静无为、顺应自然。总的来说，儒释道三教在不同层面对个人和社会起到了教化和调节的作用，共同构成了中华民族精神生活的基石，对中国社会的历史发展、思想文化和民族性格产生了深远的影响。

7. 形器不存，方寸海纳。（《三国名臣序赞》）

徐邈是三国时期的一位著名官员，曾任曹操属下的尚书郎，并在地方任职期间展现出了卓越的治理能力和高尚的品德。他曾致力于社会秩序的稳定和文化建设。他收缴民间私藏的武器，以减少潜在的社会隐患，同时提倡仁义道德，禁止奢侈浪费的丧葬习俗。在处理与少数民族羌、胡族的关系时，徐邈以包容和尊重的态度对待他们，不追究琐碎小事，对于重大犯罪行为也与部落首领协商后再依法处置，这赢得了当地各族人民的敬仰和爱戴。后世文人学者如袁宏和李周翰通过对徐邈的赞誉，提炼出了"海纳百川"这一成语，用来形容人的胸怀宽广，能够包容各种不同意见、不同背景的人及事物，如同大海包容百川之水一样。这一成语至今仍被广泛使用，赞美人们的包容性和宽宏大度。

8. 尔无忿疾于顽，无求备于一夫。必有忍，其乃有济；有容，德乃大。（《尚书·君陈》）

《尚书·君陈》中周成王对君陈的训诫，体现了中国古代领导者的智慧和儒家思想中的"恕道"精神。领导者需以宽广的胸怀和容忍的气度面对下属与民众，对人的过错不过于苛责，对顽疾不轻易愤怒，强调以包容和谦逊的态度处理事务，以此来凝聚人心，并促成社会和谐。"有容乃大"的理念成为后世许多学者、政治家修身齐家、治国平天下的座右铭，它强调包容、谦逊和坚忍不拔的精神在个人修养和国家治理中的关键作用，体现了中华文化深厚的人文关怀和道德修养要求。这一思想延续了自尧舜以来，特别是周代礼乐文明中所孕育的中华优秀传统文化，展示了中华民族对和平、和谐与包容的崇高追求，以及在纷繁复杂的社会现实中，以和合之道应对各种矛盾和挑战的智慧。

9. 海不辞水，故能成其大。山不辞土石，故能成其高。（《管子·形势解》）

管仲是中国春秋时期杰出的政治家，以其卓越的才能和深远的影响力，协助齐桓公将齐国推上了春秋时代的霸主地位。他的诸多贡献和改革举措，如在经济上实施"井田制"改革、设置"轻重九府"调控市场、发展工商业和农业，极大地增强了齐国的国力，实现了"富国强兵"的目标。在用人方面，管仲注重招揽和任用贤能之士，采纳了鲍叔牙的建议，不计较过去的恩怨，重用了曾经的竞争对手。同时，他也强调了贤能之人应当拥有学而不厌的精神，不断提高自我，永不停止前进的步伐。他的言行恰好对应了"大海不辞让涓滴之流""大山不辞让石头泥块"的比喻，意味着伟大的事业离不开众多人才的齐心协力，即便是微小的力量，只要得到恰当的整合和利用，也能成就非凡的功业。

10. 君子量不极，胸吞百川流。（《投赠张端公》）

孟郊的诗句无疑是对其所歌颂的张端公品德的高度赞扬，同时也承载着儒家所提倡的君子之德的核心理念。这一理念强调了君子应当具备的包容、豁达与宽宏大量，这种胸怀不仅仅体现在个人之间的相处，更涉及治国理政、待人接物等全方位各领域。"君子量不极"意味着君子的胸襟和气度是没有极限的，他们能够接纳各种不同的观点、人群和处境，不以狭隘之心待人接物。而"胸吞百川流"则形象地比喻君子的胸怀之广大，仿佛能够包容千溪万流，象征着接纳各种差异、冲突和矛盾，将其汇聚一体，以实现和谐共生。在中国古代文化中，宽广的胸怀被认为是领袖人物必备的品质之一，因为它不仅能够促进人际关系的和谐，更能体现为国家治理和社会秩序方面的包容性与公正性。

第四章
讲信修睦、亲仁善邻的交往之道

"讲信修睦、亲仁善邻"的理念深深植根于中华传统文化的土壤中,它们共同构建了中华民族在道德品质、社会关系和国际交往中的基本原则。"讲信"即崇尚诚信,诚信是社会秩序的基石,是人与人之间建立信任关系的纽带,是治理国家、处理国际关系的基本准则。"修睦"则强调通过培育和睦、和谐的社会氛围,增进人与人之间的友好互助,促进社会的稳定和发展。"亲仁善邻"是儒家"仁爱"思想的延伸,倡导人们以仁爱之心对待亲人和邻居,进而扩展到对待所有的世人,强调和睦相处,友善相邻,以仁爱与包容构建和谐共生的社会环境。这一原则跨越时空,成为中华民族处理国际关系和对外交往的核心理念，如和平共处、互利共赢、亲诚惠容等当代外交理念皆是该原则的延续与转化。总的来说，中华传统文化中的"讲信修睦、亲仁善邻"不仅是一种道德修养的体现，更是构建社会秩序和国际秩序的理想蓝图。在现代社会中，这一理念仍然具有鲜活的生命力和广泛的指导意义，它敦促我们在个人成长、社区建设、国家治理乃至全球治理的各个层面，努力实现诚信为本、和谐共存的目标，为创建一个更加公正、和平、繁荣的世界贡献力量，这对当代社会发展、国家治理与国际交往具有重要的启示价值。

第一节　与邻为善，以邻为伴

1. 修身则道立，尊贤则不惑，亲亲则诸父昆弟不怨，敬大臣则不眩，体群臣则士之报礼重，子庶民则百姓劝，来百工则财用足，柔远人则四方归之，怀诸侯则天下畏之。（《礼记·中庸》）

"柔远人"这一概念源自中国古代儒家经典《中庸》，体现了儒家治国理政思想在处理民族关系和对外事务上的智慧与策略。它强调通过怀柔、教化、包容的方式来对待周边及远方的民族，而不是采取简单的征服或排斥手段。这一原则的核心在于以仁爱之心和平等态度对待不同文化背景的族群，以达到天下归心、和谐共处的目标。历史上，中原王朝面对周边少数民族时，往往运用

"柔远人"的政策,包括但不限于设置羁縻府州、开放互市、推行教化等方式,来维系与边疆民族的关系,稳定边界,促进各民族之间的友好交流与共同发展。这些政策在很大程度上促进了多民族地区的融合与发展,使得中华文明在不断吸收外来文化元素的同时,保持了自身的稳定性和持续性。

2. 招携以礼,怀远以德。德礼不易,无人不怀。
(《左传·僖公七年》)

中国古代诸子百家的思想深刻影响了中国对外交往的理念与实践。例如,道家所主张的"不以兵强天下"和"顺天任德,敌人自服"的思想,便提倡顺应自然规律,通过修养内在道德品质而非依赖武力来赢得他国的敬服和亲近。基于诸子百家的思想理论基础,中国古代王朝在处理对外关系时,往往重视德治与怀柔政策,力求通过提升自身道德水准和文化软实力来吸引周边民族和国家前来朝贡或者建立友好的互动关系。这种"德化外交"不仅是儒家文化的具体体现,而且也成为古代中国外交政策的一大特色,旨在通过"修文德"来"柔远人",即通过发展和传播先进的文明成果,以和平友善的方式扩大国家影响力,实现"怀远以德"和"修睦四邻"的目标。

3. 若使天下兼相爱，国与国不相攻，家与家不相乱，盗贼无有，君臣父子皆能孝慈，若此则天下治。（《墨子·兼爱上》）

墨子提出的"兼爱非攻"思想具有深远的历史意义和现代价值。在古代，这一理念是对春秋战国时期频繁战乱和宗法等级社会不平等现象的深刻批判，它倡导所有国家和个人应该超越血缘、地域和身份的界限，相互关爱、和平共处。墨家主张以"兼爱"为基石，强调国际、人际的互助互爱，共同谋取利益，而非通过战争掠夺和冲突损害他人的利益。"非攻"并非否定正当防卫和自我保护，而是强烈反对不义之战，即那些出于私欲扩张领土、压迫弱小的战争行为。在现代社会背景下，墨子的这一理念可以解读为对国际法中自卫权的合理使用以及对和平解决争端的支持，同时他也倡导全球各国在面对利益冲突时，应通过对话、协商、合作等方式化解矛盾，以实现共同安全与可持续发展。

4. 继绝世，举废国，治乱持危，朝聘以时，厚往而薄来，所以怀诸侯也。（《礼记·中庸》）

古代中国的对外交往深受"厚往薄来"这一原则的影响。它源于早期的封建礼制，最初用于周天子与诸侯之间的互动，目的是通过给予诸侯更多回馈，以展示中央权威和恩泽，从而强化控制使其保持忠诚。至中央集权时代，这一原则逐渐扩展到与外国的交往中，成为中国处理国际关系的重要准则之一。在朝贡体系中，中央王朝扮演着天朝上国的角色，对于前来朝贡的周边部族和国家，不仅接受其象征性的贡品，更会回赠大量财物，甚至提供技术和文化输出。客观来看，朝贡体系起到了稳定边疆、拓展中华文化圈、增进彼此了解和友谊的作用。在历史上，这一制度无疑为中国与周边国家搭建了一座独特的交流桥梁，对东亚地区乃至更广阔区域的国际关系产生了长远的影响。

5. 昔我中国之君与高丽壤地相接，其王或臣或宾，盖慕中国之风，为安生灵而已。朕虽不德，不及我中国古先哲王，使四夷怀之，然不可不使天下周知，余不多及。（《明太祖实录·卷三十七》）

朱元璋在明朝建立初期，秉持的对外交往原则很大程度上体现了"一视同仁"的理念。他深悉元朝末期因为连年征战和外交政策失误导致的内外困局，所以在其治下，明朝的对外政策倾向于和平共处和互惠互利，尤其是在对待周边邻国时，尽量避免战争，主张通过和平方式增进了解、保持友好关系。明朝向高丽派出使节，一方面是宣布新王朝的成立，表明中国已经结束元明之际的动荡，进入了新的稳定时期；另一方面，也是希望通过外交途径传递和平意愿，确立与高丽等国平等交往的基础。明朝通过有序的官方交往，树立了自己开放包容的大国形象，成功实现了地区范围内的和平稳定与繁荣。朱元璋时期的明朝外交政策，以其独特方式诠释了古代中国处理国际关系的原则和智慧。

6. 昔者夏鲧作三仞之城，诸侯背之，海外有狡心。禹知天下之叛也，乃坏城平池，散财物，焚甲兵，施之以德，海外宾服，四夷纳职。合诸侯于涂山，执玉帛者万国。（《淮南子·原道训》）

这段寓言故事实际上折射出的是古人对治国理政智慧的理解，即鲧的严防死守与封闭对抗的策略，象征着过度依赖武力与强硬手段可能会带来负面效果；而禹的因势利导、注重和谐共生与百姓福利，则揭示了仁政、德治的重要性。这对国际合作也有着重要启示：一味强调军事力量和边界封锁并不能确保长久和平，而应以德服人，关注全人类共同福祉，致力于构建和谐的国际环境。

7. 处大国不攻小国，处大家不篡小家，强者不劫弱，贵者不傲贱，多诈者不欺愚。（《墨子·天志上》）

墨子的思想对于构建和谐世界、推动全球治理向着更加公正、公平、包容的方向发展，有着不可忽视的现代价值和指导作用。墨子主张大国不应侵犯小国的利益，暗示着在国际关系中，大国应该承担更多的责任，帮助和支持小国发展，而不是对其进行剥削和压制，这与当代国际社会对国际法治、反对侵略战争以及呼吁建立公正合理的国际秩序的诉求相吻合。无论是国家之间还是人与人之间的交往，都应该遵循平等和尊重的原则，任何一方都不应凭借自身的优越地位或优势资源去欺凌或压榨另一方，这对于推进全球治理体系变革，构建新型国际关系具有启发意义。各国之间应遵循诚实、透明、负责任的原则，避免通过欺诈手段获取不正当利益，这有助于构建互信和双赢的国际合作模式。

8. 借为人之国若为其国，夫谁独举其国以攻人之国者哉？为彼者由为己也。为人之都若为其都，夫谁独举其都以伐人之都者哉？为彼犹为己也。为人之家若为其家，夫谁独举其家以乱人之家者哉？为彼犹为己也。
(《墨子·兼爱下》)

这种理念体现了中国古代哲学思想中对于和谐共生的追求，以及对于人与人、国与国之间和平相处的理想愿景。在国际关系的实践中，它倡导的是一种基于相互理解、包容和共同发展的外交政策，旨在通过增进各国间的相互尊重和合作，来减少冲突和对立，促进全球的和平与发展。在全球化的背景下，这一理念显得愈发重要，它强调在处理国际问题时，应以全球公民意识为基础，以共商共建共享为原则，共同应对全球挑战，谋求全球福祉。具体到实践中，就要求各国在追求自身利益的同时，兼顾他国利益，努力寻找利益交汇点，通过对话协商解决分歧，通过务实合作深化互信，通过共同进步实现共赢，从而构建人类命运共同体，共同创造一个和平繁荣、开放包容的世界。

第二节　以诚往之，以义属之

1. 宋之待遇亦得其道，厚其委积而不计其贡输，假之荣名而不责以烦缛；来则不拒，去则不追；边圉相接，时有侵轶，命将致讨，服则舍之，不黩以武。先王柔远之制岂复有加于是哉！（《宋史·夏国上》）

宋朝在处理与沿海周边国家的关系时，注重通过和平、友好的方式增强与邻国的联系与合作。宋朝作为一个文化繁荣、经济发达的帝国，不仅在物质上慷慨回赐，还在文化教育等领域表现出高度包容与开放的态度。例如，对占城国的流民问题，宋朝采取了人性化的处理方式，尽可能协助其国民返回家园，甚至在特殊情况下主动遣返，显示了对邻国及其民众福祉的尊重与照顾。对于交趾国对中华文化的仰慕之情，宋朝在严格的文化出口管制政策下，依然根据实际情况做出灵活调整。宋徽宗特许除涉及国家安全、宗教秘传、军事战略等敏感内容的书籍外，交趾国可购买其他类型的书籍，此举增进了两国的文化交流，巩固了双边的友好关系，彰显了宋朝在对外交往中的宽宏与智慧。

2. 天子既闻大宛及大夏、安息之属皆大国，多奇物，土著，颇与中国同俗，而兵弱，贵汉财物；其北则大月氏、康居之属，兵强，可以赂遗设利朝也。诚得而以义属之，则广地万里，重九译，致殊俗，威德遍于四海。（《汉书·张骞李广利传》）

张骞出使西域对于中国乃至世界历史产生了深远的影响。他的探险和外交活动为后来的丝绸之路开通创造了条件，这条连接东方与西方的商贸之路成为了中西方商品交易、文化交流和人员往来的重要通道。丝绸之路的开辟带来了东西方商品、技术、思想的广泛交流，丝绸、瓷器、茶叶等中国传统商品得以远销国外，同时，中原地区也引入了中亚、西亚和欧洲等地的珍稀货物与先进科技，如葡萄种植与酿酒技术、玻璃制造工艺等。丝绸之路的畅通促进了东西方文化的相互学习与融合，佛教等外来文化也通过此通道进入中国，对华夏文明的发展产生了深远影响。通过与西域的紧密联系，汉朝得以加强对边疆地区的管理和控制，进一步巩固了统一多民族国家的版图和边防安全。

3. 秋，齐侯盟诸侯于葵丘，曰："凡我同盟之人，既盟之后，言归于好。"（《左传·僖公九年》）

葵丘会盟，作为春秋时期齐桓公领导下的重大历史事件，其核心宗旨在于通过和平手段和法制规范，协调缓和诸侯国之间的矛盾冲突，推动列国间的和平共处与共同发展。在这次会盟中，齐桓公提出了多个旨在维护社会稳定、经济发展和文化繁荣的条款，包括要求各国保持友好关系，不得阻断水源和粮食运输等关乎民生的基础设施和经济活动，以及维护贵族继承秩序和官员世袭制度，保障人才选拔与培养等方面的规则。通过葵丘会盟，齐桓公展现了其作为霸主在维护周天子权威基础上调停诸侯纷争的能力，践行了儒家倡导的仁政和礼仪之道。此次会盟的成功举行，不仅提升了齐桓公本人的威望，也有力地推动了中原地区的和平与繁荣，成为春秋时期一段辉煌的和平外交史。

4. 驰命走驿，不绝于时月；商胡贩客，日款于塞下。（《后汉书·西域传》）

《后汉书·西域传》详细记录了汉代时期陆上丝绸之路沿线地区商贸往来频繁、人员交流活跃的情况，展现了丝绸之路在促进东西方经济和文化交流中起到的关键作用。自公元前二世纪汉武帝时期开始，随着对西域地区的经营加强，汉朝与安息、罗马等大国的联系日渐紧密，丝绸之路成为重要的商贸和外交通道。从长安启程，沿着河西走廊穿越甘肃，途经玉门关、敦煌等地，商队和使节们跨过葱岭，途经大月氏、安息等国，最终抵达地中海东岸，这就是狭义上的陆上丝绸之路主线。公元九十七年，东汉将领班超委派副使甘英出使罗马帝国，甘英的足迹达到了条支西海，成为当时中国对外交往的重大突破，标志着丝绸之路在经历一段时间的衰退后，再度得到了激活和拓展。

5. 而汉发使十余辈至宛西诸外国，求奇物，因风览以伐宛之威德。（《史记·大宛列传》）

《大宛列传》全面记录了以大宛国为核心辐射周边地区的地理状况、民族分布、社会经济特征以及与汉朝的互动关系。司马迁通过对张骞出使西域的记述，再现了早期汉朝试图联络大月氏以共抗匈奴的外交行动，这正是"丝绸之路"初步形成的背景和契机。文中所述汉朝派出多批使者前往大宛及其以西的诸多国家寻求珍奇异物，借以展示汉朝的强大和影响力，同时也在敦煌设置酒泉都尉，并沿路设立驿站和屯田戍卒，保障丝路通道的安全与物资供应，这些举措极大地促进了东西方的交通和贸易发展。通过和平交往，汉朝成功地拓展了其在西部的影响力，使得"丝绸之路"不仅仅成为一条贸易路线，更成为文化和技术传播的桥梁，对于中国乃至世界历史的发展产生了深远的影响。

6. 故自建武以来，西域思汉威德，咸乐内属。
(《汉书·西域传》)

从古至今，中国在拓展对外关系时始终坚持和平共处的原则，不以侵占他国领土、压迫他国人民为目的，更不轻易动用武力进行扩张。历史上，中国对外交往常常以丰富的礼品和优惠的贸易政策吸引和团结周边国家，通过羁縻政策来维系和平的周边关系，构建多方共赢的局面。汉朝通过积极的外交政策和对西域诸国的恩威并施，使得周边国家纷纷认同其威望和德行，乐意处于汉朝的管辖之下，极大地提高了汉朝的国际地位和版图认知。总体来看，从秦汉时期直到唐代，中国的对外交往始终贯穿和平与发展的主题，无论是在政治、经济还是文化层面，都体现出了和平交往、互利共赢的主流价值观，这种和平观念深深根植于中国传统文化之中，并对后世产生了深远的影响。

7. 诸蛮夷酋长来朝，涉履山海，动经数万里，彼既慕义来归，则赍予之物宜厚，以示朝廷怀柔之意。
(《明太祖实录·卷一百五十四》)

中国君主在处理与藩属国关系时，遵循儒家的礼治思想，主张"怀柔远人"，即通过德行感化和礼仪约束来维系和谐的国际关系，而非简单粗暴的武力征服。根据"厚往薄来"的原则，对于藩属国的进贡，中国会以更丰厚的礼物予以回报，以此彰显仁德，巩固宗藩关系，并维护地区和平与稳定。朱元璋建立明朝后，继续沿袭并发扬了这一传统的宗藩外交模式。他作为明朝的开国皇帝，自觉承担起"天下共主"的角色，通过册封周边国家的君主，以及通过赏赐和回赐的礼仪行为，加强了与周边国家的联系，巩固了明朝在东亚地区的宗主地位。这种外交政策，一方面体现了对儒家伦理道德的尊崇，另一方面也确保了明朝前期周边地区的安宁与稳定。

8. 当成祖时，锐意通四夷，奉使多用中贵。西洋则和、景弘，西域则李达，迤北则海童，而西番则率使侯显……显有才辨，强力敢任，五使绝域，劳绩与郑和亚。（《明史·列传第一百九十二》）

"郑和下西洋"是明朝永乐年间外交政策与海洋探索活动的巅峰，其背后体现了明成祖朱棣宏大而深远的治国理念与全球视野。这一系列航海壮举，不仅旨在展现国力，扩大明朝的海外影响力，同时也是为了建立和维护以明朝为中心的国际秩序，通过和平的手段促进与海外诸国的友好关系和文化交流。郑和下西洋的使命，除了寻找失踪的建文帝、弘扬国威之外，更重要的是通过经济交流、文化互动来实现"宣德化而柔远人"，即以和平交往的方式,进一步推广中华文明,加强与世界各地的联系。总的来说,"郑和下西洋"是中国古代对外开放、和平外交的典型实践,它以深厚的文化底蕴和开阔的国际视野,为世界各国间的和平交往与共同发展提供了宝贵的借鉴。

第三节　睦邻友邦，四海会同

1. 外内均和，诸侯臣伏，国家安宁，不用兵革。
（《管子·四称》）

《管子》中蕴含了丰富的治国理政哲学思想。他提出"利民""富民""顺民"的理念，实质上是倡导以民为本、以人为本的治国方针，认为国家的一切政策和行为都应当有利于人民的生活改善和财富积累，同时尊重和顺应人民的意愿。此外，《管子》还提出了"和谐"这一概念，并将其应用于政治和社会管理领域。书中提到通过遵循道义原则和推行道德教化，能够实现社会内部的和谐与团结，进而形成合力，使国家整体力量倍增，达到无敌于天下的境地。这种和谐不限于国内的治理，还包括与外界的和平共处，体现了对和谐共生、以和为贵的深刻理解。《管子》的和谐理念在政治、经济、哲学等多个维度上都有着深远影响，对先秦诸子百家思想的形成起到了奠基作用。

2. 九天阊阖开宫殿，万国衣冠拜冕旒。（《和贾舍人早朝大明宫之作》）

唐朝是中国历史上对外文化交流最为活跃的时期之一，它吸引了大量外来人口，包括商人、学者、僧侣、艺术家等，他们带来了各自的宗教、艺术、科技和生活方式。例如佛教在唐代得到空前发展，形成了佛教八大宗派的鼎盛局面。其中原因既有中国对印度佛学的深入研究，也有日本、朝鲜等地佛教徒来华求法。唐代都市生活丰富多彩，音乐舞蹈、戏剧表演等方面也深受外来文化影响，丰富了市民精神生活。社会风气开放，女性地位相较于其他封建时代有所提高，服饰时尚且大胆。唐代的开放包容不仅是一种政策导向，更是整个社会的精神风貌和价值观的体现，这种开放氛围极大地推动了唐代文化的繁荣昌盛，使其成为中华文化史上一个璀璨夺目的时代，并对全球文明进程产生重要影响。

3. 苍官影里三洲路，涨海声中万国商。（《咏宋代泉州海外交通贸易》）

汉唐王朝以陆上丝绸之路作为对外贸易的主要通道，这条通道连接了中国与中亚、西亚乃至欧洲的广大区域，成为促进东西方商品、技术和文化交流的重要桥梁。随着历史的发展和海洋航行技术的进步，在宋朝时期，海上丝绸之路得到前所未有的发展。宋朝的对外贸易活动依托于强大的造船技术和航海技术，使得商船能够大规模地跨越广阔的海域，到达东南亚、南亚及更远的非洲东海岸。宋朝海商的活动范围和贸易规模远远超过了前代，中国的丝绸、瓷器、茶叶等商品作为贸易货物被运送至海外各地。通过这条海上通道，先进的科技如"四大发明"指南针、火药、印刷术、造纸术，得以更广泛地传播至世界各地，对世界文明进步产生了深远影响。

4. 威德遐被，四方宾服，受朝命而入贡者殆三十国。幅陨之广，远迈汉、唐。成功骏烈，卓乎盛矣。（《明史·本纪第七·成祖三》）

明朝的朝贡外交模式是其对外关系的重要组成部分，这一模式在朱元璋时期得到了明确强调和实施。明朝在确立朝贡体制的过程中，展现了对各国事务的关注，但同时强调各国应自行处理内部问题，体现了一种尊重各国主权和内政的外交态度。这种外交政策既体现了明朝"天下一家"的宏大愿景，又强调了各国之间的和平共处，避免了不必要的干涉和冲突。这种外交思想和实践，在当时代表了一种相对开明和进步的国际关系理念。它不仅有助于维护区域的稳定与和平,也为后来的国际关系提供了一种以和平共处为基础的交往模式。通过朝贡体系,明朝与周边国家建立了一种互利的关系,这种关系在一定程度上促进了文化和经济的交流,有利于各国的共同发展和繁荣。

5. 德不孤,必有邻。(《论语·里仁》)

道德在中华传统文化中占据着至关重要的地位,被认为是个人修养和社会秩序的基石。大舜因其高尚的道德品质和卓越的领导能力,吸引人群聚集,并在短时间内形成城市,体现了道德力量在凝聚人心、建构社会秩序中的巨大作用。朱熹对"德不孤,必有邻"进一步解释说,"邻,犹亲也。德不孤立,必以类应。故有德者,必有其类从之,如居之有邻也",阐明了德行的感染力和号召力。德行崇高的人不仅能够得到他人的尊敬和回应,而且还能够吸引同类之人相随,形成良好的人际关系和社会影响力。皇侃说"邻,报也。言德行不孤矣,必为人所报也",则强调了德行的因果循环,认为善行终将得到相应的回报,这是一种道德的互动和循环效应,强调了道德行为的社会反馈机制。

6. 吁!戒哉!儆戒无虞,罔失法度,罔游于逸,罔淫于乐,任贤勿贰,去邪勿疑,疑谋勿成,百志惟熙。

罔违道以干百姓之誉，罔咈百姓以从己之欲。无怠无荒，四夷来王。（《尚书·大禹谟》）

上文表达了古代中国统治者追求的一种理想状态，即在勤勉不懈的治国理政下，通过德行感召和礼仪规范，实现四海升平，四方归心。"皇天眷命，奄有四海"体现了古代中国政治哲学中的"天命观"，即统治者认为自己的统治权来源于上天的赋予，因此应当承担起治理整个天下的重任。"无怠无荒，四夷来王"则强调了君主应当励精图治，既不可懈怠，也不可荒废国事。只有这样，才能凭借高尚的道德和良好的施政赢得四方少数民族的归顺与臣服，从而实现国家的统一和民族间的和谐共处，构建一个"天下一家"的大同世界。这一理念体现了早期儒家思想中对于理想政治秩序和社会和谐的追求，强调通过内在德性的修养和外在政策的得宜来实现国家的长治久安与四方安宁。

7. 丘也闻有国有家者，不患寡而患不均，不患贫而患不安。盖均无贫，和无寡，安无倾。夫如是，故远人不服，则修文德以来之。（《论语·季氏》）

在孔子看来，国家的稳定与繁荣并不取决于疆域的扩张和武力的强大，而在于内部的和谐与公正以及对外部的感召与包容。孔子反对无谓的战争，主张通过修明德行、推行仁政来赢得民心，实现国家的长治久安和四方归心。孔子的学生冉有和子路在辅佐季氏时，孔子对他们企图通过武力攻打颛臾的做法提出批评。他教导弟子，身为诸侯大夫，首要任务是确保国内社会的公正、均衡和安定，只有这样，国家才能稳固，民心才能归附。如果远方的人不来归附，应当通过宣扬和实践仁爱、礼义、教化等德治手段，使他们自愿亲近并归顺。孔子的这一理念影响深远，促使历代统治者在处理国内外关系时，注重以德服人，以和平的方式解决争端，而不是依赖武力征伐。

8. 昔帝王之治天下，凡日月所照，无有远近，一视同仁。故中国尊安，四方得所，非有意于臣服之也。自元政失纲，天下兵争者十有七年，四方遐远，信好不通。朕肇基江左，扫群雄，定华夏，臣民推戴，已主中国，建国号曰大明，改元洪武。顷者克平元都，疆宇大同，已承正统，方与远迩相安于无事，以共享太平之福。（《明太祖实录·卷三十七》）

明朝初期，朱元璋建立的对外交往政策，立足于儒家"仁政"和"怀柔远人"的理念，倡导和平共处、平等交往，这一政策在明朝初期的对外关系中起到了积极的作用。朱元璋通过遣使四方，宣告明朝建立的消息，传达了明朝愿与各国平等交往、共享和平的美好意愿。这种"一视同仁"的外交理念，体现了对各国的尊重和包容，有助于消除潜在敌意，营造良好的国际环境。这种以德服人的外交策略，不仅维护了边境稳定，促进了各民族之间的和睦相处，也极大推动了中原与周边地区在经济、文化等方面的交流与融合，为明朝的社会稳定、经济发展和文化繁荣提供了有力保障。同时，明朝也是中华文明对外交流和传播的重要阶段，为构建多元包容、和谐共存的国际秩序做出了积极贡献。

9. 此君义信乎人矣，通于四海，则天下应之如讙。是何也？则贵名白而天下愿也。故近者歌讴而乐之，远者竭蹶而趋之。四海之内若一家，通达之属，莫不从服。夫是之谓人师。（《荀子·儒效》）

"四海一家"是中国古代先贤提出的理想社会状态，它体现了儒家对和谐、统一、博爱的社会秩序的追求。儒家认为理想的社会治理应当涵盖整个国家乃至天下，使其如同大家庭般和睦相处，互相尊重、互助互爱。在具体实践中，儒家倡导的"四海一家"不仅要求在国内治理中体现仁德与公平，还主张在国际交往中推行和平外交，以和谐、平等、互利的原则处理与其他国家的关系，实现"协和万邦"的目标。《礼记·礼运》中的"故圣人耐以天下为一家"以及朱熹的"圣人心同天地，视天下犹一家"，进一步阐述了儒家圣人的道德情怀与政治抱负，他们追求的不仅仅是国内的和谐，更是期望全世界能共享和平，共融一体。该理念在当今全球化的背景下仍有其积极的现实意义和价值。

第五章

为政以德、抱德炀和的政治传统

"为政以德"是中国传统政治文化的核心理念之一,它体现了古人深刻认识到道德在国家治理中的奠基性作用。这一理念主张国家的领导者应当以其高尚的道德品质作为施政的基础,强调通过内在的道德修养和公正无私的行为来赢得民心,推动国家的长治久安和社会的和谐稳定。孔子在《论语》中提出的"为政以德,譬如北辰,居其所而众星共之",形象地表达了有德性的领导对社会群体的凝聚力和引领作用。"国无德不兴,人无德不立"这一警句更凸显出道德对于国家和个人成长的重要性,缺乏道德基础的社会难以兴旺发达,没有良好道德素养的人也无法在社会上立足。因此,中国古代的王朝围绕"为政以德"展开了一系列制度建设和社会治理实践，包括选拔德才兼备的官员，制定并执行符合公序良俗的法律，以及推行亲民、惠民政策，旨在营造一个以德为基础的社会环境。在古代的伦理道德体系中，诸如仁、义、礼、智、信等美德被确立为核心价值观，并被用以教育和引导民众，使之成为人们日常生活和思维习惯的一部分。通过德化教育和德行示范，促进社会整体道德水准的提升，最终实现国家安定、民众幸福、政治清廉的局面。"为政以德"不仅是实现"天下大同"这一终极理想的有效途径，而且是构建和谐世界的智慧源泉。

第一节　王夺之人，霸夺之与

1. 王夺之人，霸夺之与，强夺之地。夺之人者臣诸侯，夺之与者友诸侯，夺之地者敌诸侯。臣诸侯者王，友诸侯者霸，敌诸侯者危。（《荀子·王制》）

儒家主张以王道作为理想的治国方略，强调通过推行仁政、德治和礼义来赢得民心，从而稳固国家的统治基础。王道的核心在于内修仁义，外施德泽，让人民自愿服从，实现国家长治久安和社会和谐。与此相对，霸道则侧重于依靠强大的军事力量、严苛的法律和强制性的权力手段来维持统治秩序和扩大势力范围，虽然可能短期内能够取得显著成效，但因其缺乏内在的道德基础和长久的凝聚力，难以获得民众广泛的内心认同和持久的支持。荀子对于王道与霸道持有较为折衷的看法。他认为完全依赖王道可能并不足以应对复杂多变的国际关系和国内局势，故而在一定程度上认可霸道在特定历史条件下的作用，但他还是将王道置于更为崇高的地位，并倡导在实践中尽可能向王道靠拢。

2. 但用无为则皇也，用恩信则帝也，用公正则王也，用知力则伯也。（《皇极经世·观物外篇》）

邵雍是中国北宋时期的著名哲学家、易学家，他深受《周易》影响，结合自己的象数学体系构建了一套独特的宇宙观和历史观。在他的理论框架中，"皇""帝""王""霸"不仅是四种不同的政治形态，而且被赋予了深刻的道德伦理和历史哲学含义，代表了从理想状态到现实实践的不同层次的治理模式。"皇"对应着万物初生、混沌未分的春季，体现的是圣人的德性和对自然规律的深刻理解。"帝"对应着万物繁茂、和谐共生的夏季，体现了君主的贤良品质和对民众的仁爱关怀。"王"对应着收获与法制严谨的秋季，体现的是领导者的人才管理和公正无私。"霸"带有竞争与争胜的特点，对应着肃杀与决断的冬季，体现的是统治者的权谋策略和现实功利主义。

3. 以力假仁者霸，霸必有大国。以德行仁者王，王不待大，汤以七十里，文王以百里。以力服人者，非心服也，力不赡也。以德服人者，中心悦而诚服也。如七十子之服孔子也。（《孟子·公孙丑上》）

孟子认为，霸道是一种借助于强大的国力来实现对外扩张和内部统治的政治方式。尽管有时会借用仁义的名义作为其合法性的外衣，但实际上并未真正贯彻仁爱的原则，而是以力服人。这样的统治方式即使能够在短期内带来一定的成效，但从长远来看，它无法赢得人民内心的爱护和真心拥戴。相反，王道则立足于德行与仁政的全面实践，它主张统治者应以高尚的道德情操和深厚的仁爱精神来治理国家，通过教育、教化和实施仁慈的政策来赢得人民的衷心拥护和顺从。王道并不倚仗外在的物质力量，而是着重于内在的精神力量和道德权威，因此，即便是拥有较小的领土、较少的人口或是相对较弱的军事力量，只要统治者能够切实做到以德行政，便有可能成就真正的王者之业。

4. 霸者之民驩虞如也，王者之民皞皞如也。杀之而不怨，利之而不庸，民日迁善而不知为之者。夫君子所过者化，所存者神，上下与天地同流，岂曰小补之哉？（《孟子·尽心上》）

"存神过化"这一理念体现了中国古代儒家关于理想政治的最高追求，即圣人或君子以其高尚的道德品质和卓越的教化能力，所到之处都能使民众受到潜移默化的影响，进而整个社会形成一种良好的道德风尚和精神风貌。这里的"存神"指保持和发扬高尚的精神境界，"过化"则指的是通过个人的言行举止和施政措施，使得道德教化深入人心，影响广泛。在古代中国的社会治理中，"存神过化"意味着优秀的领导者应当以德服人，通过推行仁政来提高民众的生活水平，保障人民的福祉，并且在精神层面弘扬正气，树立典范，促使社会整体道德水准得以提升。这样，社会秩序井然，百姓安宁幸福，体现出"皥皥如"的自在和乐，而非仅仅停留在表面的富庶或短暂的欢乐之上。

5. 君人者，隆礼尊贤而王，重法爱民而霸，好利多诈而危。（《荀子·大略》）

礼的作用在于确立社会伦理秩序，规定人与人之间的正当关系，而法的作用则在于设定具体的行为准则，通过奖惩制度来确保社会成员遵守礼的规定。荀子认识到不同的统治策略会导致不同的政治效果。他认为，只有同时尊重礼义、推崇贤能，更加注重内在的道德修养，全面推行礼义教化，才能成就王者之业，实现更高层次的和谐社会；以严格的法治来保护和关爱人民，才能达到称霸的目标。此外，荀子认为法治虽能产生威慑力，但过度依赖或片面强调法治可能导致社会关系的紧张和冷漠，只能成就霸道。而礼治则强调道德教化的力量，通过培养人们的道德自觉，使得法律能够以内化的方式被接受和遵守，这样才能实现真正意义上的王道，即以德服人的理想政治状态。

6. 故与积礼义之君子为之则王，与端诚信全之士为之则霸，与权谋倾覆之人为之则亡。（《荀子·王霸》）

荀子在对待王道与霸道的问题上表现出了一定的包容与务实态度。他一方面继续坚守儒家对礼义的崇尚，以礼义作为界定王道的标准；另一方面，他也意识到在战国乱世背景下，信用在维护国家稳定、统一天下过程中的重要作用，因而将守持信用视为霸道的一个重要特征。他试图通过融合王道与霸道的优点，寻找更适合当时社会现实的治国路径，以期在动荡的时代中找到既能维系国家秩序又能促进社会进步的平衡点。荀子理想中的国家状态是自上而下皆以礼义为尊，统治者身体力行，以礼义为根本，引导和规范民众行为，以此赢得民众的尊重与信任。尽管霸道相较于王道在道德层面有所欠缺，但它可以通过建立信用体系，使国家上下行动一致，从而维护国家的秩序和统一。

7. 得天理之正，极人伦之至者，尧、舜之道也；用其私心，依仁义之偏者，霸者之事也。（《近思录·治体》）

在中国传统的儒家政治哲学中，"王道"是一个至关重要的概念，它源于古人对上古圣王如尧舜禹三代之治的向往和理想化建构，承载着儒家对理想政治秩序和社会伦理规范的构想。王道的本质在于"崇德不崇力""以德行仁"，强调以道德教化和仁政来治理国家，追求社会公正、和谐与人民的普遍福利。程颢作为北宋理学的重要奠基人，通过"王道"与"霸道"的对比，鲜明地表达了对"王道"的推崇。在他看来，尧舜之所以能够代表"王道"，是因为他们所遵循的是天理的正道，即至善的仁德，其治理国家的出发点是无私公心，致力于实现人伦和谐、社会公正。而霸道则往往表现为统治者出于私心，虽可能也会施行一些仁义之举，但其本质上偏离了天理和纯粹的仁德。

8. 诸儒自处者曰义曰王，汉唐做得成者曰利曰霸，一头自如此说，一头自如彼做；说得虽甚好，做得亦不恶：如此却是义利双行，王霸并用。（《又甲辰秋书》）

南宋时期，朱熹与陈亮就"义利王霸"议题展开了一场深度的学术论战，这场辩论是秦汉以来儒家内部关于救世济民方法论的激烈碰撞。朱熹不满陈亮提出的"义利双行，王霸并用"的主张，认为这违背了儒家一贯强调的重义轻利、崇王黜霸的传统观念。然而，陈亮指出，当时诸多儒家学者已将义、利、王、霸割裂看待，各行其道，他本人的观点并非刻意追求"双行"或"并用"，而是主张这四者不可分割，本质上是一脉相承、相互关联的。陈亮大胆挑战了儒家经典中对"利"与"霸"的负面定位,强调在现实的政治实践中,义、利、王、霸应融为一体,共同服务于国家和社会的发展。他试图通过重塑这些核心概念的内涵,为自己的实效主义思想提供强有力的理论支撑。

9. 王霸之分,不在事功而在心术:事功本之心术者,所谓"由仁义行",王道也;只从迹上模仿,虽件件是王者之事,所谓"行仁义"者,霸也。(《孟子师说·齐桓、晋文之事》)

黄宗羲通过研究和讨论朱熹与陈亮关于王霸之辩的对话,揭示了道德主义与事功主义在政治正当性问题上的分歧。他明确表示,王道相对于霸道,在道德层面上具有更高的正当性和优越性。在他看来,王者以真诚的德性为根基,遵循自然而治国,因此能够建立长久稳固的统治;而霸者仅仅是表面上效仿王者的做法,缺乏内在的道德源泉,如同装饰的工具和无根之水,其统治难以持久。黄宗羲在辨析王、霸的过程中,关注到政治领袖个人的德性修养,同时也强调政治事业的根本精神。他指出,霸道虽然能够通过严格实行法制来维护社会秩序,但王者却能够通过道德教化深深影响民众,将原本依靠强制力维系的政治实体转变为道德共同体,实现了更深层次的社会整合和国家治理。

10. 养生丧死无憾，王道之始也。（《孟子·梁惠王上》）

孟子认为仁政的本质是"以民为本"，使民"养生丧死无憾"。在具体实践上，他提出了仁政实现的三个关键步骤，即"庶""富""教"。"庶"是指鼓励生育、增加人口，因为人口数量是社会生产力的基础；"富"是指通过发展经济，使人民实现温饱，达到物质生活的富足和安居乐业；"教"则是指在满足物质生活的基础上，通过教育和教化，提升民众的精神文化素质，使他们在孝悌忠信等伦理道德方面得到完善，达到内心的平静和谐，坚定善良的人生道路。简言之，孟子所倡导的仁政是一个完整的治理体系，它以"以民为本"为核心价值观，通过"庶""富""教"这三个递进的环节逐步实现，最终目的是"保民而王"，也就是通过切实保障和提升民众的福祉，实现国家的长治久安和王道理想。

11. 无偏无党，王道荡荡；无党无偏，王道平平；无反无侧，王道正直。（《尚书·洪范》）

箕子提出的王道思想，实际上是对周武王的一种政治建议，也是对理想君主的一种期望。箕子认为，君主应当公正无私，不偏袒任何一方，这样才能保证政治的正义和秩序。同时，君主还应当避免任意赏罚，而应当根据先王的正道来行事，这样才能赢得民心，使国家长治久安。实践王道不仅仅是对君主个人的要求，更是一种对整个社会治理体系的指导。它要求君主在制定和执行法律时，都要以公正为基础，不偏不倚。同时，王道还强调了君主与民众之间的相互关系，君主需要得到民众的支持和归顺，而民众也应当遵守君主所制定的规则和秩序。总的来说，王道是一种以德治国的理念，它要求君主以身作则，以德感化民众，实现政治的公正昌明。

12. 尧舜，性之也。汤武，身之也。五霸，假之也。久假而不归，恶知其非有也？（《孟子·尽心上》）

孟子对不同历史时期的君主行仁政的动机和方式有着深刻洞察。他认为，尧舜之所以能够实行仁政，是因为他们天生具有仁德的本性，他们的统治是出于内在的善良和对民众的自然关爱。商汤和周武王之所以能够实行仁政，是因为他们通过自身的努力和实践，积极地去实现仁德的理想。他们的统治是通过外在的行为和政策来体现仁德的。至于春秋五霸，他们的仁政并不纯粹，而是带有功利性和策略性，他们利用仁义的名号来巩固自己的地位和权力。即便如此，孟子还是认为，如果这些诸侯能够始终如一地维持这种假借仁义的姿态，而不是随意背弃，那么这种仁政在一定程度上也是可接受的。因为即使是出于外在的动机，这样的仁政也能够为民众带来实际的好处，维护社会的稳定。

第二节　以德为官，以德新民

1. 道之以政，齐之以刑，民免而无耻；道之以德，齐之以礼，有耻且格。（《论语·为政》）

孔子在鲁国担任大司寇职务，负责的就是国家的司法事务，这在一定程度上表明他对法律和刑罚在社会治理中的作用是予以肯定的。德治着眼于预防犯罪、提升社会道德水平，而法治则在必要时起到惩罚犯罪、纠正社会偏差的作用。然而，孔子更加强调的是"道之以德，齐之以礼"的治国理念，认为德治和礼治更能从根本上解决问题，有助于构建和谐、有序的社会。德治通过培养民众的道德素养，使人们自觉遵守社会规范，形成良好的社会风气；而礼治则是通过礼仪、礼制的教育和规范，来调整社会关系，维护社会秩序。孔子希望达到"有耻且格"的社会状态，即人民不仅知耻而不愿违法，还能主动地自我约束，进而实现全体国民人格的升华和社会秩序的和谐稳定。

2. 教，政之本也。狱，政之末也。其事异域，其用一也，不可不以相顺，故君子重之也。（《春秋繁露·精华》）

董仲舒提出的"德治"理念是在继承和发展先秦儒家思想的基础上形成的。他认为，君主应当以道德规范自己的行为，通过自身的道德修养来树立榜样，从而引导臣民遵循道德规范。他主张维护社会等级秩序，认为社会中的不同阶层应当各司其职，各安其位，以保持社会的稳定和谐。此外，他强调人性中既有善良的一面，也有贪婪的一面。因此，在治国时应当结合道德教化和法律惩罚。在他看来，道德教化是主要的治理手段，而法律惩罚则是辅助手段，用于对付那些不接受教化的人。他强调刑罚应当适度，既不能过于严厉，也不能过于宽松，其目的是促进道德教化，而不是单纯的惩罚。董仲舒的"德治"理念强调了道德在治国中的核心地位，同时也认识到法治的必要性。

3. 圣人之治化也，必刑政相参焉。太上以德教民，

而以礼齐之。其次以政言导民，以刑禁之。刑，不刑也。（《孔子家语·刑政》）

儒家倡导"德政"和"仁政"，强调通过道德教化来提升民众的道德素质，维护社会稳定，认为道德教化是国家治理的灵魂，它相较于严苛的法律和政令更具有根本性和持久性。但是，儒家并不否认法律和政令在维护社会秩序、惩戒犯罪方面的必要性，而是主张在道德教化失效时，适时运用法律和刑罚作为补充手段，即"徒善不足以为政，徒法不能以自行"。儒家提倡的"德主刑辅"原则，主张以道德教育为主导，以法律惩罚为辅助，二者相辅相成，共同维护社会正义和秩序。同时，儒家也非常重视礼制在社会治理中的作用，强调"礼"对于规范社会行为、维护等级秩序、协调人际关系等的价值，形成了"礼法合治"的思想，力求实现德法相济、礼法并举的社会治理模式。

4. 凡音者，生人心者也。情动于中，故形于声。声成文，谓之音。是故治世之音安以乐，其政和；乱世之音怨以怒，其政乖；亡国之音哀以思，其民困。声音之道，与政通矣。（《礼记·乐记》）

《乐记》是中国古代音乐理论的开山之作，它深刻揭示了音乐与社会政治、伦理道德之间的密切关系。书中提出，音乐不仅仅是艺术的表现，更是社会风气和政治气候的镜子，音乐风格和情感基调直接反映出社会的安定与和谐与否。在治世之下，音乐呈现出宁静安详的特质，这是因为社会政治清明、政策温和；而在乱世和亡国之际，音乐则充满了哀怨愤怒的情绪，这与混乱的政治状况和社会民众的苦难密切相关。《乐记》中强调的"和"不仅体现在音乐的和谐旋律上，更体现在对社会秩序的理想化追求上，即通过音乐这一媒介来展现并强化儒家所倡导的等级制度和道德规范。在音乐熏陶下，人们能够在享受美的同时，接受并内化礼制的约束，实现个体心理与伦理道德的协调统一。

5. 仁言，不如仁声之入人深也。善政，不如善教之得民也。善政民畏之，善教民爱之。善政得民财，善教得民心。（《孟子·尽心上》）

孟子通过深入剖析"善政"与"善教"的差异，阐明了教化在国家治理中的核心地位。他认为，尽管"善政"通过有效的政策和严厉的法律能够震慑民众，使之畏惧而不敢轻易触犯法律，但这仅仅是一种外在的、被动的约束。相比之下，"善教"则通过内在的道德教化和仁德感召，能够触动人心，启迪良知，激发人们的道德自觉和对善的追求，从而使民众从内心深处愿意遵循道德规范，自发地做出符合社会伦理的行为，达到和谐社会的理想状态。孟子强调"善教得民心"的深层含义在于，以道德教育和仁爱精神滋养人心，让人们从内心深处认可并接受社会规范，最终形成良好的社会风尚和道德共识，其影响力远超于单纯的政策法规约束，是实现长治久安、天下归心的基石。

6. 不富无以养民情，不教无以理民性。故家五亩宅，百亩田，务其业而勿夺其时，所以富之也。立大学，设庠序，修六礼，明十教，所以道之也。（《荀子·大略》）

荀子的富民与教民理论体现了儒家对于社会治理和国家兴盛的深刻洞察，他主张君主治国应当社会经济与道德教育并重，认为二者相辅相成，缺一不可。富民是社会经济发展与和谐的前提，只有当人民的基本生活需求得到满足，人民才能够有余力去追求精神层面的提升，从而遵守社会秩序，知晓礼节荣辱。然而，单纯的物质财富积累并不是社会发展的终点，而是一个起点。在实现富民的基础上，还需要通过教化提升民众的道德素质，即"教民"。当百姓有了稳定的财产和舒适的生活条件后，应当引导他们接受"庠序之教"，学习和实践孝悌忠信等伦理道德，明确社会人伦关系的规范，培养起尊敬老人、爱护幼童的爱心，实现个人道德的升华和社会整体道德水平的提高。

7. 治以道德为上，行以仁义为本。故尊于位而无德者绌，富于财而无义者刑；贱而好道者尊，贫而有义者荣。（《群书治要·新语》）

陆贾作为汉初的思想家，其著作《新语》深刻地反映了他对秦朝速亡和汉朝初兴这段历史的反思与总结。他倡导的"治以道德为上，行以仁义为本"的德治理念，是在吸取秦朝严刑峻法导致迅速败亡的历史教训后提出的。陆贾主张国家治理的核心在于以道德教化引导百姓，以仁义原则处理国家事务，强调以道德和仁义来培育和强化国家的软实力，而非一味依赖严酷的法律和武力压制。他强调德行对于领导者的重要性，指出德行深厚者能够赢得广泛的威望，而过度依赖力量和权力只会引起群众的反感和叛离。他提倡对社会各阶层都要依据其德行和道义来给予相应的待遇，有德者无论身份贵贱都应该得到尊重和提拔，有义者不论贫富贵贱都应得到扶持和奖励。

8. 故世主欲民之善同，而所以使民善者或异。或道之以德教，或欧之以法令。道之以德教者，德教洽而民气乐；欧之以法令者，法令极而民风哀。（《汉书·贾谊传》）

"以德配天"的理念，强调统治者应当以高尚的道德和仁政来治理国家，以此获得上天的认可和人民的拥戴。秦国在商鞅变法和韩非的法家思想指导下，依靠严刑峻法和强大的国家机器，实现了前所未有的统一和强盛，但秦王朝的短命告诫后世，单一依赖法律和刑罚的治国策略无法持久稳固。贾谊等儒家学者对此进行了深刻反思，他们认为秦朝过于依赖刑法，忽视了道德教化的作用，致使民怨积累，民心离散，最终导致了秦朝的快速覆灭。贾谊倡导的是以道德教化为主的治理方式，强调通过道德和教化来引导民众，使社会风气趋向和谐。他认为，刑罚与德政犹如阴晴冷暖，过度的严刑峻法会破坏社会的和谐，而深厚的道德教化则能带来社会的安宁与和睦。

9. 朕看古来帝王，以仁义为治者，国祚延长；任法御人者，虽救弊于一时，败亡亦促。既见前王成事，足是元龟，今欲专以仁义诚信为治，望革近代之浇薄也。（《贞观政要·仁义》）

《贞观政要》记录了唐太宗李世民的治国理政思想与实践。唐太宗以"仁义"作为治国理政的根本原则，以仁慈之心对待百姓，实施仁政，以此来确保国家的长治久安和社会的和谐稳定。唐玄宗将《贞观政要》视为治国宝典，效仿唐太宗的"贞观故事"，在这样的治国理念指引下，国家再次进入一个政治清明、经济繁荣、社会安定的黄金时代，人民得以休养生息，达到了"比屋可封"的理想状态。

10. 故为国者以仁为宗，以刑为助，周用仁而昌，秦用刑而亡，此之谓也。（《旧唐书·列传第一百三十

六》)

唐太宗李世民及其重臣魏徵等人，汲取前朝教训，倡导以德治国，强调法律与道德教育相辅相成，德礼为政教之本，刑罚为政教之用，如同昼夜交替、四季轮换。在武则天统治时期，虽然出现了酷吏滥用刑罚的现象，但诸如狄仁杰、周矩等贤臣依然坚守德治思想，力倡以仁为宗，以刑为助，强调以仁政为根本，刑罚仅为辅助。周矩直言进谏，引用周朝以仁德而昌盛、秦朝因严刑峻法而灭亡的历史教训，成功说服武则天调整施政方向，减少了过度的刑罚，实现了法律与道德教育的和谐并用，从而促进了社会秩序的改善和国家治理水平的提高。这一系列的实践证明，中国古代德治思想在社会治理中的重要地位，以及它对后世法律制度建设的深远影响。

11. "为政以德"，不是欲以德去为政，亦不是块然全无所作为，但德修于己而人自感化。（《四书章句集注·论语集注》）

历史的经验与教训让政治家和思想家们深刻认识到，在民众物质生活得到保障之后，及时推行德治的重要性。德治不仅仅是一种政治理念，更是一种深入人心的社会文化建设，它关乎社会风尚的形成和民族精神的塑造。朱熹对德治的理解更加注重人心的培养。在他看来，道德规范和价值观念不会自发地在人们心中形成，而是需要通过教育和文化的熏陶来培养。他强调了教育在德治中的作用，认为通过不断的学习和实践，人们的道德修养才能得到提升，社会风气才能得到改善。德治的实施，不仅需要政治家的智慧和努力，更需要社会各界的共同参与。通过文化的引导，人们能够自觉地遵循社会公德，形成积极向上的社会风尚，从而为国家的长治久安打下坚实的基础。

12. 天道之大者在阴阳。阳为德，阴为刑，刑主杀而德主生。是故，阳常居大夏，而以生育养长为事；阴常居大冬，而积于空虚不用之处。（《天人三策》）

董仲舒的天道观强调"天人合一"，认为天与人的活动相互感应，人间的政治秩序应反映天道运行的规律。他提出君权神授的理论，认为皇帝是天在人间的代理人，享有至高无上的合法性，但同时也承担着遵循天意、施行仁政的责任，如果君主不行德政，天就会通过灾异现象示警，甚至降下惩罚。董仲舒提出的"阴阳刑德"理论，旨在借用阴阳对立统一的概念来解释社会治理中的宽严、赏罚关系。他认为国家的治理应该兼顾恩德与刑罚，主张以德治国，推行教化，通过道德教化引导民众遵守秩序，而法律与刑罚则作为辅助手段，用于矫正邪恶、维护社会稳定。这种理论是对秦朝重法治而轻教化的反思和修正，体现了他试图调和社会矛盾，寻求长治久安的理想政治模式。

13. 故先王案为之制礼义以分之，使有贵贱之等，长幼之差，知愚、能不能之分，皆使人载其事而各得其宜，然后使悫禄多少厚薄之称，是夫群居和一之道也。
(《荀子·荣辱》)

荀子强调"隆礼重法"，即高度推崇礼制并结合法治手段共同维系国家的秩序。他认为"礼"是国家施政的首要原则，可以有效地调节社会关系，限制人们过分的欲望，保证社会资源的合理分配与使用，进而实现社会公正与和谐。他主张理想的君主应遵循"隆礼尊贤"的原则，也就是崇尚礼仪、尊重贤才，这样才能够成就王业。他指出，君主的道德品质直接影响到国家的整体风貌和社会风气，只有注重自身道德修养，关注民生疾苦，广纳贤才，方能赢得民心，实现国家的长治久安和繁荣昌盛。荀子提出的"群居和一之道"旨在通过强化社会群体的凝聚力和协调性，让每个人能够在遵循礼制的基础上和谐共生，从而使国家机器得以高效运转，达到"以政裕民"的目的。

14. 为政以德，譬如北辰，居其所而众星共之。
(《论语·为政》)

孔子的观点形象地表达了为政者如能坚守德政，便能如同北斗星般，成为万民仰望和追随的焦点。具体而言，"为政以德"包括施行德政和为政者个人品德修养两个层面。前者要求政府在制定和执行政策时，充分考虑公共利益和道德正义,通过仁慈、宽容、爱民的政策来促进社会和谐,减少冲突和矛盾。后者要求每一位执政者或官员都应该不断提升自身的道德水平,做到忠诚诚信、公正廉洁,通过个人品行的示范效应来引领社会风尚,形成良好的官场文化和政治生态。"为政以德"这一理念对中国古代及现代的政治实践产生了深远影响,它强调道德教育、道德示范以及道德导向在国家治理中的重要地位,并且至今仍被视为衡量领导者素质和治理体系完善程度的重要标准。

第三节　敬德保民，政通人和

1. 民为贵，社稷次之，君为轻。（《孟子·尽心下》）

儒家创始人孔子虽然没有直接提出"民为邦本"的表述，但他关于"仁"的论述中包含着深厚的民本意识，体现了对普通民众福祉的关注。孟子进一步深化了这一思想，明确提出了"民为贵，社稷次之，君为轻"的著名论断，这一论断不仅奠定了民本思想的基础，也构成了后世诸多盛世明君实行仁政的理论依据。此外，其他学派亦有相近的观念，老子主张"圣人无常心，以百姓心为心"，体现出顺应民意、顺应自然的无为之治；墨家倡导兼爱非攻，实质上也是基于对民众生存权益的保护。《左传》《国语》《管子》等古代文献中同样记录了众多有关重民、恤民的言论和实例，它们共同构成了中国古代丰富的民本主义思想体系，对后世的政治实践和社会发展产生了长远影响。

2. 德惟善政，政在养民。（《尚书·大禹谟》）

《尚书》作为一部汇集了古代官方文件和部分口传历史的典籍，其中蕴含着丰富的政治智慧和深邃的历史教训。通过对夏商两朝灭亡原因的深刻反思，西周初期的统治者意识到，国祚长短、国家兴衰的关键在于能否得到民众的支持与拥护，因此确立了"政在养民"的根本治国理念。"德惟善政，政在养民"这一观点强调了统治者应当以德行治理国家，政策的核心目标在于滋养民众、保障民生，唯有如此，才能稳固国家根基，实现国家安宁。到了春秋战国时期，随着社会结构的巨大变革和百家争鸣的局面出现，民本思想得到了前所未有的发展和完善，越来越多思想家认识到民众的力量及其在国家建设发展中的重要作用，进一步推动了人本主义政治哲学思想的成熟。

3. 天之生民，非为君也。天之立君，以为民也。（《荀子·大略》）

大禹以来，"民为邦本"思想的延续与强化，反映出古代中国政治智慧中对民众地位和作用的深刻认识。

孟子提出的"民贵君轻"主张将民众的地位提升至高于君主的程度，要求统治者施行仁政，重视民生，视民众的利益高于一切。荀子的观点进一步深化了这一思想，他认为君主存在的目的并不是为了自身的权力和享受，而是为了服务民众，承担起组织社会、管理国家、促进民众福祉的责任。"立君为民"说强调了君主的权力来自于上天赋予，而行使权力的目的必须符合天意，即服务于天下苍生，确保国家的安定和民众生活的改善。"民本"思想不断引导着统治者关注民生疾苦、尊重民众权利、重视社会治理的人性化和合理性，在一定程度上促进了社会进步和国家的长治久安。

4. 为君之道，必须先存百姓。若损百姓以奉其身，犹割胫以啖腹，腹饱而身毙。若安天下，必须先正其身，未有身正而影曲，上理而下乱者。（《贞观政要·君道》）

唐太宗深信"为君之道，以民为本"，强调治理国家首先要关注和保护百姓的利益，认为损害百姓以满足个人欲望就如同割取自己身上的肉以填饱肚子，最终会导致国家的覆亡。《君道》篇在《贞观政要》中占据举足轻重的地位，该篇以唐太宗本人的言行和贞观年间的政治实践为主线，提炼出了一系列关于国家治理和君主品德修养的原则和方法。《君道》篇强调君主对于国家命运的关键作用，即国家的安定繁荣与否，取决于君主是否具有足够的领导力和高尚的道德品质。《君道》篇还特别提到了君民关系的重要性，引用了著名的"水能载舟，亦能覆舟"的比喻，表明君主必须时刻警惕和尊重民众的力量，要体恤民间疾苦，不可过度剥削，否则会激起民众反抗，导致政权被颠覆。总之，《君道》篇通过剖析为君之道的几个关键方面，为后世统治者提供了宝贵的治国理政经验和教训，展示了唐太宗时期贞观之治的内核思想，为中国古代政治思想史留下了深刻的印记。

5. 皇祖有训，民可近不可下。民惟邦本，本固邦宁。（《尚书·五子之歌》）

"民惟邦本，本固邦宁"深刻揭示了人民群众在国家和社会中的基础性地位。它强调国家政权的稳固、社会的安宁从根本上取决于人民的生活安定与支持。这一思想在夏禹子孙的追忆中被传承下来，反映了那个时代对人民作用的初步认识和对民本思想的朴素表达。它在后续的中华文明史上不断发展，成为了历代明君贤臣施政的重要指导原则。他们认识到，维护民众的利益、化解民众的疾苦，是维护国家稳定、推动社会进步的根本途径。"得民心者得天下，失民心者失天下"，进一步说明了获得统治合法性和持久性的关键在于赢得民心。这一观念促使历朝历代的统治者在制定政策和采取措施时，必须考虑到民众的福祉和社会的和谐，力求实现国家权力与人民意愿的统一。

6. 夫君者，舟也；庶人者，水也。水所以载舟，亦所以覆舟。君以此思危，则危可知矣。（《孔子家语·五仪解》）

"水可载舟，亦可覆舟"这一观念深入人心，它简洁有力地表达了民众与统治者之间的动态平衡关系。孔子通过船与水的比喻，强调了君主应当认识到民众的力量，懂得敬畏人民，时刻保持警惕，坚持以民为本的施政方针。唐朝初年的宰相魏徵正是秉持这一理念，多次进谏唐太宗李世民，提醒他必须慎重对待民众的情绪和诉求，因为即使是微小的怨恨也可能引发大规模的不满，最终导致政权的颠覆。荀子主张统治者若要国家安宁，就必须公正行政，关爱民众；想要国家荣耀，就必须尊重礼仪，敬重人才；渴望获得功绩与美名，则必须崇尚贤良，任用有能力的人才。只有切实做到了这些，才能真正顺应民心，使国家如同船只般在民众的支持下平稳航行，而非面临倾覆的风险。

7. 天下为主，君为客。（《明夷待访录·原君》）

黄宗羲通过分析历史发展的三个阶段，重新定义了君主的角色和职能。在无君时代，社会处于原始的无序状态，人人只顾私利，缺乏有效的公共管理和秩序维护机制，这种状况不利于社会整体的和谐与进步。第二阶段是有君且君主大公无私的时代，此时君主在位的行为合乎设立君主制度的初衷，即以公众利益为本，体现了理想的政治模式。而第三阶段，即君主一心谋私的时代，这样的君主已经背离设立君主制度的初衷，成为阻碍社会进步、侵害公众利益的大患。黄宗羲强调国家与君主的合法性来源于对民众利益的尊重和服务，君主应当是民众意志的代表和执行者，而非凌驾于民众之上任意妄为的独裁者。这一理念对后世产生了深远影响，启发了更多的政治改革和社会进步思潮。

8. 政宽则民慢，慢则纠之以猛。猛则民残，残则施之以宽。宽以济猛，猛以济宽，政是以和。（《左传·昭公二十年》）

子产，名公孙侨，是春秋时期郑国杰出的政治家和思想家。他的治国理念强调德治与法治的结合，主张宽猛相济，即在治理国家时既要施以宽仁，使人民乐意接受教化，又要辅以必要的严厉措施，以维护社会秩序和国家稳定。子产临终前托付国政予子大叔时，再次强调了这一理念，认为单纯的宽仁会导致民众轻慢规则而不遵从，过分严厉则可能激化矛盾，唯有宽猛相济才能使国家长治久安，这也体现了其政治智慧和深沉的人文关怀。孔子对子产的评价极高，视其为古代仁爱精神的典范。子产去世时，不仅壮年人悲痛哭泣，连老者和孩童都痛惜不已，因为他们深知失去了一个真心关爱民众、公正无私的领导者，这从侧面反映了子产在民众心中的崇高地位和深远影响。

9. 食者民之本也，民者国之本也，国者君之本也。（《淮南子·主术训》）

《淮南子》是一部集合了道家、阴阳家、儒家等多种思想元素的综合型哲学巨著，不仅融汇了当时的自然科学、人文科学知识，更在政治哲学上提出了"以民为本"等深刻见解。书中关于民众与国家关系的论述，强调了民众对于国家、君主的奠基性作用，认为民众的安居乐业是国家稳定的基础，民众的温饱与福祉是检验国家治理成效的首要标准。"国主之有民也，犹城之有基，木之有根"，这一比喻生动传达了民众在国家构成中的根本地位，暗示了国家的繁荣与稳定有赖于民众的安宁与支持。另外，《淮南子》还指出"衣食饶溢，奸邪不生"，强调在满足民众基本生活需求的基础上，通过丰饶的物质供给和合理的分配制度，遏制犯罪行为的发生，实现社会的和谐稳定。

10. 善为天下者，不视其治乱，视民而已矣。民者国之根本也，天下虽乱，民心未离，不足忧也；天下虽治，民心离，可忧也。（《论根本策》）

贾谊在其《大政篇》中指出："夫民者，万世之本也"，主张统治者必须以民众的根本利益为出发点，实行利于民生的政策，这样才能夯实国家稳固的基石。北宋时期，石介进一步深化了这一思想，他指出国家的安危并不单纯取决于表面的治乱，而是要看民心的向背。在他看来，民心凝聚，即使国家暂时陷入困境，也无需过于忧虑；反之，民心离散，即便国家表面平静，也潜藏巨大危机。这一观点深刻诠释了"民惟邦本，本固邦宁"的道理，进一步强调了民心所向对于国家长治久安的重要性。无论是贾谊还是石介，他们的"民本"思想均强调了人民在国家治理中的中心地位，提倡统治者应深入了解民众疾苦，施政以民为本，这是中国古代政治智慧的结晶，也是历代政治实践的指南。

11. 惟天无亲，克敬惟亲。民罔常怀，怀于有仁。鬼神无常享，享于克诚。天位艰哉！德惟治，否德乱。与治同道，罔不兴；与乱同事，罔不亡。终始慎厥与，惟明明后。（《尚书·商书》）

"德惟治，否德乱"揭示了道德水准与国家治理效果的直接关联，认为道德缺失将会导致国家的混乱与衰败，而道德高尚则能带来国家的政治清明与繁荣。《尚书》中"惟德动天，无远弗届"进一步强调了德行的超凡力量，认为实行德政不仅可以获得民众的衷心拥戴，其影响力甚至可以感通天地，彰显出德行在治国理政中无法替代的作用。周文王和周公旦父子的实际行动与思想理论成功诠释了"德"在政治实践中的重要意义。周文王以德服人，以德抗暴，最终推翻了商纣王的暴政，建立了周朝，印证了德政的威力。周公在此基础上进一步发展了德治思想，主张"以德配天"，强调"敬德保民"，重视道德教化和惠民政策，为后世提供了以德为本的社会治理模式。

12. 故其德足以安乐民者，天予之；其恶足以贼害民者，天夺之。（《春秋繁露·尧舜不擅移、汤武不专杀》）

董仲舒认为君王的权力并非来自于他的地位本身，而是来自于他能够持守君道和奉行天道，以及他能够维护民众的利益和实现国家的长治久安。在董仲舒看来，君王应当是民众的引领者和守护者，应当通过自己的德行和智慧来团结和引导民众，实现国家的和谐与稳定。君王不仅仅是一个统治者的角色，更是一个道德的楷模和民众的服务者。董仲舒强调，君王应当"是其所当是"而"为其所当为"，即君王应当做符合其身份和职责的事情。董仲舒的这些观点，实际上是对君权神授论的批判和发展。董仲舒认为，君王的权力并非不可动摇，而需要通过不断的道德修养和为民服务来维持。如果君王违背了君道，失去了民心，那么他即使占据着君王的位置，也不再是真正的君王。

13. 所谓平天下在治其国者，上老老而民兴孝，上长长而民兴弟，上恤孤而民不倍，是以君子有絜矩之道也。（《礼记·大学》）

朱熹解释"絜矩"为度量与规矩,引申为以相同的尺度和原则来衡量和规范自己的行为,并以此作为处理人际关系和社会事务的标准。"絜矩之道"强调以己度人,即通过自我修养和对他人的理解和尊重,做到公正无私,以相同的标准对待自己和他人。在个人层面,表现为孝悌忠信,推己及人,尊敬长辈,友爱兄弟,真诚待人;在社会和国家层面,体现为公正公平,以民为本,施行仁政,制定的法律和政策符合大多数人的利益,能够平衡各方关系,实现社会和谐与公正。"絜矩之道"是指导个人修身齐家治国平天下的根本原则,要求统治者和管理者要有公平公正之心,站在民众的角度考虑问题,制定出适宜且能够被广泛接受的规章制度,从而实现国家的稳定和民众的福祉。

第六章

保合太和、止战兴仁的军事思想

避免战争、消除战争,构建持久和平是人类的共同理想。中华文明对于和平的崇尚,可追溯至古代诸多思想流派。儒家主张"仁者无敌于天下",强调以德服人,反对滥用武力;墨家提出"非攻",明确反对不义之战,倡导兼相爱、交相利的和平共处原则。《孙子兵法》虽然是论述战争策略的著作,但其本质在于追求以智胜敌,以最小代价取得最大的战略效果,旨在通过对战争的深刻剖析,警示世人应珍视和平、尽量避免战争的发生。楚庄王关于"止戈为武"的见解,则是对和平理念的直接诠释,即国家的强大并不在于武力征服,而在于能否以和平手段实现社会稳定和发展。尽管中华民族历来主张和平，但也深知自卫与正义战争的重要性。在面对外敌入侵、民族尊严遭受侵犯之时，中国人民从未退缩，勇敢地投入抵抗侵略、保卫家园的斗争，同时也以实际行动诠释了"人不犯我，我不犯人；人若犯我，我必犯人"的和平与防御原则。总体来说，中华文明的和平性蕴涵着对和平的热切期盼、对战争的审慎态度以及对和平秩序的不懈维护。这种和平理念，不仅塑造了中国特有的外交政策与国防策略，更在很大程度上影响了全球治理和国际关系发展方向，为构建和谐世界、促进人类共同进步提供了宝贵的智慧资源。

第一节　好战必亡，忘战必危

1. 国虽大，好战必亡；天下虽安，忘战必危。
(《司马法·仁本》)

《司马法》一书反映了先秦时期的治军观念，其中提到战争要贯彻以仁为本的原则，强调战争不是目的，而是不得已时采取的自保手段。"国虽大，好战必亡"，当国家发展壮大、兵强马壮的时候，容易出现吞并小国、侵略扩张的想法，但中国一直秉持着以和为贵、不轻易发动战争的慎战思想。伤敌一千自损八百，发动战争会带来严重后果，所以必须谨慎对待战争。"天下虽安，忘战必危"，即使天下太平，也不能从思想上松懈，进而忘记战争的可能性，想要维持长久的和平还需要依靠国家强大的自身实力。吴王夫差因好战而亡,徐偃王因无武而败的先例,就能直观地体现这一道理。因此,我们要以审慎的态度对待战争,既不好斗好战,也不偃兵废武。

2. 回愿得明王圣主辅相之,敷其五教,导之以礼乐,使民城郭不修,沟池不越,铸剑戟以为农器,放牛马于原薮,室家无离旷之思,千岁无战斗之患。则由无所施其勇,而赐无所用其辩矣。(《孔子家语·致思》)

剑戟作为古代的兵器,代表着战争和冲突。农器则是耕种的用具,象征着和平与生产。"铸剑戟以为农器",将用以战争的剑戟熔铸成务农的器具,百姓不修筑城墙,不逾越护城河,体现了爱好和平、休战止战的思想。颜回在景山之游时所表达的明王圣主统治天下、社会和谐稳定、百姓安居乐业、没有战争之患的畅想得到了孔子的赞赏。这种对河清海晏的太平盛世景象的渴望,也体现了古人对和平生活的向往和追求,其中传递的止戈理念为后世提供了宝贵的思考和借鉴。在范仲淹《铸剑戟为农器赋》中,也有"五野之丰登时至,四方之战斗声销"的美好愿景,传递了古人对铸剑为犁、永不再战,让天下人都过上安宁生活的深切渴望和坚定信念。

3. 古者,以仁为本、以义治之之谓正,正不获意则权。权出于战,不出于中人。是故杀人安人,杀之可

也；攻其国，爱其民，攻之可也；以战止战，虽战可也。(《司马法·仁本》)

仁爱和正义是治理国家和社会的正道，而战争只是实现仁政的权宜之计。如果是以"仁"为根本，以"义"为准则，那么将维护正义作为目的的战争便是可接受的。"昔者禹征有苗，汤伐桀，武王伐纣，此皆立为圣王。"他们发起战争的初心皆是除暴安良，因此这些以匡扶正义为根本追求、在攻伐敌国的同时还能够爱护其子民的君主，最终也得到了老百姓的支持。上文在提倡以仁为本时，也强调了无论是驻守本国疆土还是对外作战，得人心者得天下，赢得民心都是取胜的决定性因素，揭示出战争不仅是军事实力的较量，更是民心的较量。《司马法》中"以战止战"的思想主张对待战争既不积极推崇，也不盲目否定，这一思想对后世的主政者产生了深远的影响，成为他们治国理政的重要借鉴。

4. 是故智者之虑，必杂于利害。杂于利，而务可信也；杂于害，而患可解也。是故屈诸侯者以害，役诸侯者以业，趋诸侯者以利。故用兵之法，无恃其不来，恃吾有以待也；无恃其不攻，恃吾有所不可攻也。(《孙子兵法·九变》)

孙武慎战的观点在其军事著作《孙子兵法》中得到了充分体现。在考虑问题时，要权衡各种因素，综合考虑利与害两个方面，明白任何决策都伴随着风险和收益，做出明智的选择。孙子认为在战争中绝不能轻言开战，但也不能存有侥幸心态。他的兵法对策强调攻守兼备，主张国家一定要加强战备、壮大自身实力，知己知彼，让敌人无可乘之机，使本国立于不败之地。这一观点与《周易》中提到的"重门击柝，以待暴客"相契合。因此为维护国家利益，必须在事先制定爆发战争的应对之策，不能寄希望于敌人不会来攻击。"备者国之重也，食者国之宝也，兵者国之爪也。"中华民族一直以来珍爱和平，但不等于无底线退让，攻守相济是我国自古以来秉持的优良传统。

5. 子之所慎：斋，战，疾。（《论语·述而》）

孔子倡导仁政德治，反对鲁莽行事，强调不打无准备之仗，不发动不义之战。春秋时期，诸侯为了争夺霸主地位，发起了一连串的战争。这些战争不仅加剧了诸侯间的紧张关系，更导致百姓生活在痛苦和不安之中。卫灵公曾向孔子请教关于行军打仗、排兵布阵的问题，因他志于战伐之事，所以遭到了孔子的拒绝。孔子回答道："俎豆之事，则尝闻之矣；军旅之事，未之学也。"并在次日就离开了卫国。并非孔子不懂行军布阵之道，只因战争是危险之事，战火频频导致民不聊生，所以必须慎重考虑。在孔子看来，斋戒、战争、疾病都关乎生命，尤其是战争。它作为政治的延续不仅关系到个人的生死，还关乎国家的存亡，一旦发动将消耗大量的人力和物力，死伤无数，因此谈兵论战必须谨慎。

6. "天下虽大，好用兵者亡；国虽安，好战者危。故小国寡民，虽有什伯之器而勿用。"大国莫若修德，小国莫若事人，则征伐不兴，上下安泰也。（《文子·符言》）

从战争规律上来看，尽管天下广袤无垠，但是喜欢用兵强取、频繁采取武力征服的国家，最终难逃灭亡的命运；国家虽然安定，但是过度崇尚战争和暴力将会使本国陷于危难境地之中。"亟战而数胜者即国亡；亟战即民罢，数胜即主骄，以骄主使罢民而国不亡者，即寡矣。"和平安宁是全天下人共同的心愿，想要实现国家的和平与繁荣，大国应该修养道德，小国要与其他国家建立友好关系，那么战争和冲突就会大大减少，国与国之间将建立起稳定友好的关系。在老子看来，有十倍百倍之器而不用，不对外扩张发起侵略行为，保持着国家还小、人口尚稀的无为状态，对内不妨害民生、对外不结怨邻邦，则国家长盛不衰，天下和平安定。

7. 汤之地方七十里而王者，修德也；智伯有千里之地而亡者，穷武也。故千乘之国，行文德者王；万乘之国，好用兵者亡。故全兵先胜而后战，败兵先战而后求胜。德均则众者胜寡，力敌则智者胜愚，智侔则有数者禽无数。（《淮南子·兵略训》）

《兵略训》在继承和发扬先秦兵家军事学说精髓的同时，在其基础上融入了"道"的思想。它以汤和智伯为例，强调战争并非解决问题的最佳途径，真正的王者之道在于德治。商汤领土虽小，但他深知以德治国之道，因其高尚的德行而能使天下归顺，是以"行文德者王"。反观智伯，虽然坐拥千里之地，却因崇尚武力、忽视民心，导致国家最终走向灭亡，是以"好用兵者亡"。这充分证明了"兵者，凶器也；战者，危事也"的道理。国家大小、武力强弱并非决定兴衰的条件，真正重要的是民心。尽管国家很小，只要注重教化、赢得民心，也能称王于天下。即使国富兵强，但穷兵黩武最终也难免国破家亡。唯有追求和平、以德治国，才能实现真正的长治久安。

8. 圣人之用兵也，将以利物，不以害物也；将以救亡，非以危存也，故不得已而用之耳。然以战者危事，兵者凶器，不欲人之好用之。（《群书治要·兵要》）

桓范深入探讨了战争的意义，为战争赋予了清晰的定位。他精辟地阐述了对待战争的原则和态度，实质上是儒家和道家等传统思想流派对于战争的基本立场的体现。在中国传统文化中，战争被视为非常严肃且具有极大破坏性的行为，应当尽量避免。圣人在决定是否使用武力时，必须遵循严格的原则，即只有当面临生死存亡的重大危机，或是为了保护大多数人的生命和福祉时，才会被迫选择战争这一手段。"然以战者危事,兵者凶器,不欲人之好用之",这句话旨在警告人们不要对战争产生嗜好或随意使用暴力解决问题。这种观念强调了和平解决争端的重要性,并告诫统治者们要具备足够的战略智慧,既要懂得如何在关键时刻坚决抵抗侵略,又要努力追求和维持和平局面。

9. 夫兵甲者,国家凶器也。土地虽广,好战则人凋;中国虽安,忘战则人殆。凋非保全之术,殆非拟寇之方,不可以全除,不可以常用。(《贞观政要·征伐》)

唐太宗对战争持有谨慎态度,他深知"兵甲者,国家凶器也"的道理,反对用武力胁迫、讨伐弱国。他认为"好战则人凋",过分强调战争不利于国家安定。但基于各国之间的关系复杂多变的前提,为了维护本国利益,他也主张必须保持一定军事实力,以及时应对突发情况。因此他主张"三年治兵,辨等列也",既要增强国防力量,又要避免因频繁征战致使国家疲惫不堪。这种思想既强调了对和平的珍视,又彰显了对国家安全的重视。"自古以来穷兵极武,未有不亡者也",好战与忘战都不利于维护国家的长治久安和民众的福祉。因此,这更提醒人们应该珍视和平、避免战争,同时,也必须做到居安思危,即使在和平年代也不能忘却战争的危险与残酷。

10. 古之用兵者，非利土壤之广而贪金玉之略，将以存亡继绝，平天下之乱，而除万民之害也。（《淮南子·兵略训》）

民本思想贯穿在《淮南子》的军事哲学思想中。古代那些深谙兵法和战争之道的人明白战争无法完全避免，因此对战争的性质和目的必须有清晰的认识。他们从不将领土扩张或财富积累作为最终目标，反而因为深刻知晓战争的残酷性，总是竭尽所能通过和平途径来解决争端。他们的目标是"平天下之乱"，致力于实现天下的和平与繁荣，为百姓构建一个安宁、和谐的生活环境。"夫兵者，所以禁暴讨乱也。"他们主张除万民之害、为义而战、为民而战，比起单纯的武力较量，战争于他们而言更是一种担当社会道义和责任的要求。这一军事哲学思想对后世处理国与国之间的关系以及解决矛盾纷争具有极高的参考价值。

11. 故曰："兵者，凶器也。"不可不审用也。（《韩非子·存韩》）

古人认为，"兵"是一种具有破坏性的"凶器"，不到万不得已不应该轻易发动或参与战争。韩非子虽然主张通过增强国家实力来实现霸业，但他同样强调君主在对待战争和处理国与国关系时，要以本国的利益为重，谨慎行事。即便在必要的时候兴兵动武，也要坚持以禁暴除乱、安国保民为初心。"主多怒而好用兵，简本教而轻战攻者，可亡也。"这意味着，一个常常轻易动怒并滥用武力的君主，很可能会将国家引向灭亡。因此君主不随意对外开战，需以礼节对待诸侯，这样才能确保国家的长久安宁。韩非引用老子的观点"兵者，凶器也"来提醒秦王，如果选择攻打韩国，可能会给合纵的国家以可乘之机，这种决策无疑是不明智的。

第二节　止戈为武，以和邦国

1. 潘党曰："君盍筑武军，而收晋尸以为京观？臣闻克敌必示子孙，以无忘武功。"楚子曰："非尔所知也。夫文，止戈为武。武王克商，作《颂》曰：载戢干戈，载櫜弓矢。我求懿德，肆于时《夏》，允王保之。"（《左传·宣公十二年》）

止戈为武的原意是指停止战争才是真正的武功，后来被用来表示通过非暴力的手段让对方屈服才是真正的武功。在晋楚邲之战中，楚国战胜了晋国。战后，楚国大夫潘党建议楚庄王将晋国士兵的尸首堆积起来筑成京观，以此来纪念和炫耀楚国的胜利。然而楚庄王却引用了《诗经》中的诗句，委婉表示否定。楚庄王认为，战争的目的不是为了宣扬暴力，而是为了保护百姓、维护和平。如果一味地追求武力炫耀，只会给人们带来无尽的灾难和痛苦，这样的行为又怎能被后人铭记和称颂呢？因此，尽管楚庄王在战争中获胜，但他并没有被胜利冲昏头脑，而是时刻反思自己的行为。这种反对武力、崇尚和平、尊重生命的治世态度，也为后世树立了典范。

2. 夫和戎狄，国之福也。八年之中，九合诸侯，诸侯无慝，君之灵也，二三子之劳也，臣何力之有焉？抑臣愿君安其乐而思其终也！《诗》曰："乐只君子，殿天子之邦。乐只君子，福禄攸同，便蕃左右，亦是帅从。"夫乐以安德，义以处之，礼以行之，信以守之，仁以厉之，而后可以殿邦国，同福禄，来远人，所谓乐也。《书》曰："居安思危。"思则有备，有备无患，敢以此规。（《左传·襄公十一年》）

魏绛在春秋时期以其卓越的政治远见和高尚的品格赢得了广泛的赞誉。面对晋悼公给予的赏赐，他展现出了崇高的无私精神和深深的忧患意识。他认为，国家的稳定与和平不仅仅依靠军事胜利，更重要的是长远的战略布局和内外兼修的国策。接受郑国的臣服和礼物固然可喜，但作为一个负责任的臣子，魏绛深知和平局面的来之不易，更加担忧未来的潜在危机。他引用《尚书》中的经典论述，旨在提醒晋悼公，即使在国家强盛、四方归附之时，也不可忘记"安不忘危，存不忘亡，治不忘乱"的道理。这意味着在享受国家安定、人民安康带来的快乐时，君主和臣子都应该时刻警醒，居安思危，未雨绸缪，不断加强国防建设，改善内政，以防范可能发生的各种变故，确保国家长治久安，永续发展。

3. **是故百战百胜，非善之善也；不战而屈人之兵，善之善者也。故上兵伐谋，其次伐交，其次伐兵，其下攻城。攻城之法，为不得已。**（《孙子兵法·谋攻》）

孙子提出的战略智慧不局限于战场对决，而是涵盖了外交、政治、经济等多个维度。在《孙子兵法》中，他着重强调了战略的最高境界是通过巧妙的策略和外交活动，迫使对手不战而降，从而避免直接战争带来的巨大损失。孙子认为，最好的军事行动是通过谋略取胜，其次是通过外交手段瓦解敌方联盟，再次才是正面的军事对抗，最次才是在攻城战中拼杀到底。孙子的这一思想，突出体现在《孙子兵法》中的多个篇章里，如《计》中的全局筹划，《谋攻》中的不战而屈人之兵，《作战》中对于战争成本和持久战的危害分析。通过这些论述，孙子构建了一套完整的战争哲学体系，提倡审时度势，量力而行，强调的是全局视野下的战争艺术，而非简单的武力征服。

4. **明主虑之，良将修之，非利不动，非得不用，**

非危不战。主不可以怒而兴师，将不可以愠而致战；合于利而动，不合于利而止。怒可以复喜，愠可以复悦，亡国不可以复存，死者不可以复生。故明君慎之，良将警之，此安国全军之道也。（《孙子兵法·火攻》）

孙子强调国家与人民的整体利益，提出了三大战争原则："非利不动，非得不用，非危不战。"首先，战争必须符合国家整体利益。只有这样，百姓和士卒的利益才能得到保障，统治者才能得到人们支持。其次，战争要谋定而后动。"出征千里，百姓之费，公家之奉，日费千金"，必须权衡利弊、谨慎决策。战争带来的后果无法逆转，没有必胜的把握，不可轻举妄动。最后，不可随意发动战争。战争带来的危害极大，因此不到危急时刻不可轻易挑起战争。但慎战不意味着消极避战，而是强调决策要深思熟虑、三思而后行。牢记"亡国不可以复存，死者不可以复生"，秉持着这三个原则，清楚认识到战争的危害，以慎战的态度处理与各国间的关系，方能长久地维护和平。

5. 凡兵，天下之凶器也；勇，天下之凶德也。举凶器，行凶德，犹不得已也。举凶器必杀，杀，所以生之也；行凶德必威，威，所以慑之也。敌慑民生，此义兵之所以隆也。（《吕氏春秋·仲秋纪》）

吕不韦认为："凡兵，天下之凶器也；勇，天下之凶德也。"战争的手段和勇武的品质具有破坏性、危险性，必须小心使用。但另一方面，它们在保护国家安全中，又扮演着至关重要的角色。"兵不可偃也，譬之若水火然，善用之则为福，不能用之则为祸。"强大的军事实力若得到妥善运用，则可以充分发挥其威慑敌人、保卫国土的积极作用。"义者，百事之始也，万利之本也。"战争不仅仅代表着破坏，它还能让动荡环境回到正轨，即用短暂的战争来换取长久的和平，消除暴行、平息动乱、维护正义，惩罚那些背离道义的行为，让圣主取代暴君，使百姓安居乐业。值得注意的是，虽然强大的兵力对维护国家稳定有着举足轻重的作用，但它就像一把双刃剑，须谨慎使用。

6. 贫民伤财，莫大于兵；危国忧主，莫速于兵。此四患者明矣，古今莫之能废也。兵当废而不废，则古今惑也；此二者不废而欲废之，则亦惑也。此二者伤国一也。（《管子·法法》）

《管子》虽然不是专门的军事著作，但兵学是其中不容忽视的重要内容。战争对国家和民众带来的危害极大，因为它必然导致大量财物的消耗。频繁的征战更使国家陷入动荡与危机，民众因战争无法正常从事生产活动，缺乏经济来源，从而陷入贫困，引发社会问题。战争本身也危机重重，战场形势瞬息万变、胜负难料。一旦战败则士兵牺牲、城门失守，甚至可能招致国家覆灭。无论是该废除兵力而未废除，还是不该废除兵力却废除了，这两种情况对国家的损害都是同等的严重。因此，国家应在保持慎战态度的同时，充分做好战争准备，不好战、不忘武。统治阶级应牢记"至善不战"，力求在不诉诸武力的情况下实现胜利，达到和平、繁荣的目标。

7. 气本之虚则湛无形，感而生则聚而有象。有象斯有对，对必反其为；有反斯有仇，仇必和而解。（《正蒙·太和》）

张载认为"气"是宇宙间一切事物的本源，是气的不断运动和变化产生了世间万物。万物皆有其对立面，而这些对立面往往向着相反的方向运动，这种对立状态可能导致冲突和矛盾的产生。"仇必和而解"，这些对立面最终会通过和解的方式达成调和。他认为，一个社会的正常状态是和，宇宙的正常状态也是和。"太和所谓道"，张载把《周易》中的太和思想提高到"道"的高度。在他看来，太和即是道。在这种状态下，事物在运动变化中保持着整体的和谐与统一，当发展到极点时，又能平稳地过渡到另一种状态，始终保持一种无过无不及的平衡。这一思想不仅是对社会和谐、宇宙有序的向往，更是对人类生活应然状态的理想化描绘。

8. 见侮不辱，救民之斗，禁攻寝兵，救世之战。以此周行天下，上说下教，虽天下不取，强聒而不舍者

也，故曰上下见厌而强见也。(《庄子·天下》)

与墨家思想相类似，宋钘、尹文主张"禁攻寝兵"。他们认为，国家之间应摒弃攻伐与兼并，以达至一个没有战争的和谐社会。如果人们遭遇轻视和非议时，都能泰然处之，不感觉到自己被侮辱，那么就可以减少人们之间的互相争斗了。如果各国都能做到对外放弃侵略、对内不兴军事，天下就能真正实现和平。"以禁攻寝兵为外，以情欲寡浅为内"，过多的物欲只会束缚人心，唯有淡泊名利才能实现内心平和。这种内心的平和，也是统治者推行"禁攻寝兵"政策的内在动力和前提。当"情欲寡浅"从个体普及到群体时，人与人之间的争斗也就不复存在了，国家之间的战争大大减少，最终实现各国和平共处、安宁繁荣的美好愿景。

9. 兵者，国之大事，死生之地，存亡之道，不可不察也。故经之以五事，校之以计，而索其情：一曰道，二曰天，三曰地，四曰将，五曰法。道者，令民与上同意，可与之死，可与之生，而不畏危也；天者，阴阳、寒暑、时制也；地者，远近、险易、广狭、死生也；将者，智、信、仁、勇、严也；法者，曲制、官道、主用也。凡此五者，将莫不闻，知之者胜，不知者不胜。(《孙子兵法·计》)

孙子对战争持有极为慎重的态度，他深知战争的重要性，曾说："兵者，国之大事，死生之地，存亡之道，不可不察也。"在孙子眼中，战争不仅是一场军事行动，更是关乎国家全局和根本利益的战略决策。战争是件非常严肃的事情，其带来的伤亡是巨大的、残酷的，因此绝不能轻率行事。如果战争失败，国家可能灭亡，丧生的将士、百姓也无法复生。由于战争具有政治属性，直接关系到百姓的生死、国家的命运乃至民族的安危，所以我们必须对战争保持高度警惕，充分考虑其可能带来的风险和后果。

第三节　道义至上，仁者无敌

1. 能爱邦内之民者，能服境外之不善；重士民之死力者，能禁暴国之邪逆；中听任贤者，能威诸侯；安仁义而乐利世者，能服天下。（《晏子春秋·内篇》）

《晏子春秋》的军事理念中体现了民本思想。庄公曾向晏子请教，如何才能树立威望并征服天下。晏子给出的回答是，国家的强盛并非仅仅依赖于武力，只有关心爱护百姓，才能增强国内的凝聚力；只有百姓安居乐业，国家才能稳定，使周边不友善的国家归附。如果国内动荡不安，每日自顾不暇，百姓生活困苦，又何谈使别国臣服呢？晏子进一步指出，如果君主能够虚心听取贤臣良言，就能树立威信、威慑诸侯。而实行仁政、为百姓谋福利的君主，才能真正使天下信服。晏子所提倡的这种思想，将百姓生活幸福上升到统治者的执政追求。当国内氛围和谐安定、全国上下一心，也会使得别国心存忌惮、不敢轻易起兵开战。这种以民为本、仁爱子民的理念，为齐国的稳定与繁荣奠定了坚实基础。

2. 夫兵者，不祥之器，物或恶之，故有道者不处。君子居则贵左，用兵则贵右。兵者不祥之器，非君子之器，不得已而用之，恬淡为上。胜而不美，而美之者，是乐杀人。夫乐杀人者，则不可得志于天下矣。（《道德经·三十一章》）

《道德经》是春秋战国时期老子所作。书中体现了老子的战争观念、战略构想和布局，其核心目的在于止战。他认为"夫兵者，不祥之器，物或恶之，故有道者不处"。老子视兵器为不祥之物，认为战争是无道的表现。因此从本质上说，老子反对发起战争。兵者"非君子之器"，无论两军交战的结果如何，大军过后必然导致百姓流离失所、灾荒连连、民不聊生。老子告诫统治者应该避免战乱、珍爱和平，认为战争本身就是对"道"的背离。因此他认为"胜而不美，而美之者，是乐杀人"，即便是打了胜仗，也不值得庆祝，因为那代表着生命的消逝。滥用武力可能导致国家的覆灭，最终会自食恶果。这体现了老子对和平与道德的坚守，以及对战争和暴力的忧虑。

3. 下无讳言，官无怨治；通人不华，穷民不怨；喜乐无羡赏，忿怒无羡刑；上有礼于士，下有恩于民；地博不兼小，兵强不劫弱；百姓内安其政，外归其义。可谓安矣。（《晏子春秋·内篇》）

面对春秋战国时期战争频发的状况，晏子认为用兵的目的在于安国、征暴，拯救民众于水深火热之中，而不是恃强凌弱、欺辱别国。这样百姓才会拥护国君的统治，国家才能安稳。当齐景公请教晏子安国之道时，晏子回答到："地博不兼小，兵强不劫弱。"这意味着大国不应该侵略小国，这样一来小国也就不会联合起来对抗大国。晏子强调："不侵大国之地，不耗小国之民，故诸侯皆欲其尊。"他反对国家之间轻易开启战争，认为统治者应当始终以国家的长远利益为先，慈爱百姓、施恩于诸侯，以仁义之道治理国家，不能因一己私欲而大动干戈。如此一来，百姓过上安乐的生活，国内秩序井井有条，既保证了内部的稳定，也赢得了外部的尊重。战争并不是解决问题的最佳方式，以仁义为基础来治理国家，才能维护国家长久的发展。

4. 先民而后身，先施而后诛，强不暴弱，贵不凌贱，富不傲贫；百姓并进，有司不侵，民和政平；不以威强退人之君，不以众强兼人之地；其用法，为时禁暴，故世不逆其志；其用兵，为众屏患，故民不疾其劳；此长保威强勿失之道也。失此者危矣！（《晏子春秋·内篇》）

在晏子访问吴国时，吴王曾询问他保持国家兵力强大、长盛不衰的方法。晏子给出了数条建议，其一是君主必须始终以民众的利益为先，做到先人后己，时刻把百姓的事放在首位。只有如此，才能真正得到民众的拥护和支持。其二是行仁义之道，他主张"强不暴弱，贵不凌贱，富不傲贫"，这样才能做到国内政治和谐平稳，君臣上下秩序井然。使用法律来禁止暴乱，不威胁弱国、欺压弱小。其三是慎用武力。他认为使用武力并不是为了满足一己私欲，不能用以对外扩张、兼并别国土地，而是应当为百姓消除灾祸，为人们带来真正的安宁。晏子给出的建议始终围绕着"仁义"与"道义"，以仁爱之心治理国家，以道义为行事之法。只有这样，君主才能受到人民爱戴，使政权得到巩固，国家和平安稳、长盛不衰。

5. 古者逐奔不远，纵绥不及，不远则难诱，不及则难陷。以礼为固，以仁为胜，既胜之后，其教可复，是以君子贵之也。（《司马法·天子之义》）

《司马法》中强调"以礼为固，以仁为胜"，将仁政与战争相联系，即使在不得已需要动用战争这一极端手段时，也必须严格遵循"礼"与"仁"的准则。在战争中，行动要光明磊落，不仅需遵守军礼的规范，也要确保符合道德标准。同时也要以仁爱之心对待敌人和百姓，赢得民心的归顺。"古者，以仁为本、以义治之谓正"，这强调了战争中必须遵守规则、坚守底线，不能乘人之危，更不能使百姓陷入苦难。"既胜之后，其教可复"，战争结束后，不能忽视教化的重要性。如果忽视了教化，国家可能会因战争带来的创伤而陷入混乱。因此，在战争取得胜利后，还要立刻着手以礼义教化民众，使社会秩序逐步恢复正常状态。战争虽是不得已而为之，但始终要将礼义和仁爱贯穿于战争的全过程。

6. 以道佐人主者，不以兵强天下。其事好还。师之所处，荆棘生焉。大军之后，必有凶年。善有果而已，不敢以取强。果而勿矜，果而勿伐，果而勿骄，果而不得已，果而勿强。物壮则老，是谓不道，不道早已。
（《道德经·三十章》）

孟子认为"春秋无义战"，在那个动荡的时代，有的统治者为了满足自己的私欲，不顾民众的愿望，以牺牲无辜生命为代价，发起侵略战争来扩张领土、积敛财富，这给底层百姓带来了深重的痛苦和灾难。老子认为，真正懂得"道"的君子，不会依赖武力来震慑天下。因为战争的结果难以预测，无论胜利还是失败，大自然都会给予相应的惩罚。战争过后，战场上的环境遭遇严重破坏，无法进行耕种，因此往往伴随着粮食短缺、饥饿灾荒。而连年的战争，更让百姓流离失所，家园变为废墟，使得民心背离。失去民心的君主最终必然会自食恶果。老子憧憬一个和平安定的理想社会，呼吁统治者能够将人民视为国家的根本。这种以人为本、不以兵强天下的观点，闪耀着人道主义的光辉。

7. 不仁而得国者有之矣，不仁而得天下，未之有也。（《孟子·尽心下》）

孟子坚决反对那些不义之战，并将擅长排兵布阵、善于打仗等军事能力视为大罪。孟子要求君主在政治生活中行仁政。在他看来，战争胜负取决于民心向背，只要国君好施仁义之道，就能赢得天下人的拥戴，从而立于不败之地。即便某些君主可以通过权谋手段暂时统治天下，但如果他们不施行仁政，永远不可能真正赢得民心、实现天下的统一与和谐。武王伐纣时之所以能够获得百姓的臣服，不仅是因为他的军事实力，更是因为他心怀仁爱。这充分说明了，如果君主真心实意地关心民众的福祉，坚守仁义的道德准则，那么他就可以通过仁爱的力量，来赢得天下人的尊敬和归顺，而无需过分依赖武力的征服。这样的统治方式，不仅能够有效避免战争和冲突，更能为社会的和谐稳定奠定坚实的基础。

8. 王如施仁政于民，省刑罚，薄税敛，深耕易耨，壮者以暇日，修其孝弟忠信，入以事其父兄，出以事其长上，可使制梃以挞秦、楚之坚甲利兵矣。彼夺其民时，使不得耕耨，以养其父母；父母冻饿，兄弟妻子离散。

彼陷溺其民，王往而征之，夫谁与王敌？故曰：仁者无敌，王请勿疑！（《孟子·梁惠王上》）

　　实行仁政才可以得到民众的归附，这正是孟子一直强调的"得民心者得天下"的道理。相反，若行暴政只会使民众离心离德。因此，能否统一天下，不在于土地广阔与否，而在于是否实行仁政。仁政，可以说是孟子政治理念的核心所在，而减轻刑罚、降低赋税、鼓励精耕细作等，则是实现仁政的具体措施。孟子认为，只要落实这些措施，即便是疆域百里的小国，也有能力称王于天下，更不必说像魏国这样的大国了。"彼陷溺其民，王往而征之，夫谁与王敌？"只有百姓安居乐业，遭到外敌时才能团结一心、保家卫国、抵御强敌。在孟子看来，国家的强弱不在于面积大小、人口多少，国家强大的根基在于深得民心，在于人民生活幸福美满，而非仅仅依赖于军事力量的强大。

9. 尽信书则不如无书，吾于武成，取二三策而已矣。仁人无敌于天下，以至仁伐至不仁，而何其血之流杵也？（《孟子·尽心下》）

　　《尚书·武成》中记载了武王伐纣的历史，篇中描写牧野之战时说道："罔有敌于我师，前途倒戈，攻于后以北，血流漂杵。"然而，孟子对此持怀疑态度。他认为周武王是仁德之人，仁德之人讨伐不仁之人，应当是顺应天意，怎么会让鲜血多的可以使木槌漂起来呢？孟子坚信仁政是最好的治理方式，主张"仁人无敌于天下"。对内，通过施行仁政能使百姓生活富足、国家安定，对外，以仁德之心平定天下，才能实现天下太平。"仁也者，人也。合而言之，道也。"仁心是人的根本属性，如果君主能涵养仁爱之心，就能以德服人，使天下人心悦诚服。因此，孟子反对用武力刑罚来治理国家，他主张奉行仁政，无论于己、于国都只有益无害。

10. 仁眇天下，故天下莫不亲也；义眇天下，故天下莫不贵也；威眇天下，故天下莫敢敌也。以不敌之威，辅服人之道，故不战而胜，不攻而得，甲兵不劳而天下服。（《荀子·王制》）

荀子认为，君主想要称王天下，选择正确的治国之道至关重要。虽然依靠武力能够短暂地建立政权，但长远来看，却无法保证政权的稳固。因此，荀子也将仁义视为治国安邦的基石。君主唯有满足"仁眇天下""义眇天下""威眇天下"，才能做到无人可及。如果君主的仁爱、道义、威望，都远高于其他各国，自然能够得到天下人的亲近、尊重和服从，得到天下人的真心拥护。奉行仁政可以使天下之人相亲相爱，形成和谐的社会氛围。而正确的称王之道，便是在仁政的基础上，辅以必要的威势，使天下之人既感到亲近，又感到敬畏。荀子在孔孟仁义的基础上，进一步强调了君王威眇天下的重要性。三者相结合，如此君主便能不战而屈人之兵，无需大动干戈便使天下之人臣服。

11. 不归用兵即危道也。故曰："兵者不祥之器，不得已而用之。杀伤人，胜而勿美。故曰死地，荆棘生焉。以悲哀泣之，以丧礼居之。是以君子务于道德，不重用兵也。"行之有浅深，而德之有厚薄。道德不可暂亡，凶器不宜妄动。（《文子·上仁》）

老子"以道治天下"的思想在文子这里得到延续和发扬，他认为"道"是国家治理的基石。"不归用兵即危道也"，如果百姓没有心悦诚服而强行使用武力，将招致危险。以德治国方是长久之计，穷兵黩武则会导致国家灭亡。"兵者不详之器，不得已而用之。"即使战争最终取得胜利，杀人也不是什么荣耀的事情。国家的繁荣不是仅靠城池坚固就可以实现，更重要的是得到天下人的支持和拥戴。"死地，荆棘生焉"，战争过后的场景往往是凄凉和荒芜的，故而每次战争都令人感到悲戚。我们应该用丧礼的仪式表达我们对战死者的悲痛和哀悼。因此"君子务于道德，不重用兵也"，文子和老子都强调以德治国的重要性，认为真正的君子应该通过道德教化来解决问题，而非诉诸武力。

12. 卫侯闻楚师败，惧，出奔楚，遂适陈，使元咺奉叔武以受盟。癸亥，王子虎盟诸侯于王庭，要言曰：

"皆奖王室，无相害也。有渝此盟，明神殛之，俾队其师，无克祚国，及而玄孙，无有老幼。"君子谓是盟也信，谓晋于是役也能以德攻。（《左传·僖公二十八年》）

城濮之战是中国春秋时期一场重要战役，发生在公元前632年。当时的楚国势力强大，已经控制了中原许多小国，而晋国在晋文公励精图治之下迅速崛起，但仍面临严峻的外部压力。战役中，晋文公严格履行其早年流亡楚国时许下的"退避三舍"诺言，巧妙地运用心理战和战略布局，首先避开楚军锐气，然后分割并逐个击破楚军。在战斗中，晋军内部的团结一致和指挥得当发挥了关键作用。而楚军方面，主将子玉拒绝了楚成王的谨慎建议，决策失误，急于求胜，导致部队纪律松散，最终楚军在战场上的左右翼遭到晋军的夹击，大败而归。晋国在城濮之战中的胜利，得益于其领导人明智的战略决策、军队的上下一心以及在外交和军事上体现出的德义风范。

13. 兵者，凶器也；争者，逆德也；事必有本。故王者，伐暴乱，本仁义焉。战国则以立威抗敌，相图而不能废兵也。兵者，以武为植，以文为种；武为表，文为里。能审此二者，知胜败矣。文所以视利害，辨安危；武所以犯强敌、力攻守也。（《尉缭子·兵令上》）

尉缭对老子的慎战思想进行了进一步的阐发和深化，提出"兵者，凶器也；争者，逆德也"，认为那种为争夺利益而挑起的战争背离了仁义原则。然而，尉缭也认识到战争并非全然邪恶，它有着正义与非正义之分。"王者伐暴乱，本仁义焉"，尽管战争在形式上可能违背了道德，但王者之师出兵是为了讨伐暴乱、伸张仁义，这样的战争便具有了正当性。在《尉缭子》中，虽然点明了发动战争可能带来的惨重后果，但其也并非完全反对战争。尤其是在战国时期，诸侯之间的兼并战争日益激烈，如果废止武备，必将给国家带来灾难性的后果。这体现了古人关于战争的辩证态度，一方面他们认识到战争的凶险性，稍有不慎就可能血流成河，这与明君仁义至上的治理之道相悖。另一方面他们也明白必须立足于现实，不能盲目地倡导消除战争。

14. 臣闻以德和民，不闻以乱。以乱，犹治丝而棼之也。夫州吁，阻兵而安忍。阻兵，无众；安忍，无亲。众叛、亲离，难以济矣。夫兵，犹火也；弗戢，将自焚也。夫州吁弑其君而虐用其民，于是乎不务令德，而欲以乱成，必不免矣。（《左传·隐公四年》）

古人经常以道德为标准来评判人物的是非功过。其中，"以德和民"是古代尚和思想的重要体现。以隐公四年的卫国州吁内乱事件为例，众仲从道德的角度出发对州吁杀兄自立为君的行为进行了评论。"臣闻以德和民，不闻以乱"，这明确体现出了古人对于德治的高度重视。战争是实现政治目标的一种手段，但其成功与否最终取决于是否秉持道德原则。《左传》中对这段对话的记载，体现出中国古代推崇以德治国的理念，并对残害百姓的行径予以了明确的反对，强调要通过仁政来赢得民心。古人深信，唯有施政以德，才是正确的治国方略，才能实现国家的长治久安。而州吁弑君自立、虐待百姓的行为，恰恰与"仁"背道而驰，因此便不能避免"自焚"其身的结局了。

第七章

天人合一、万物并育的生态理念

"天人合一"这一古老而深刻的哲学思想,融汇了中国古代先贤对宇宙、自然与人性的深刻洞察,主张人与自然、人与天道应当和谐统一、相互依存、彼此影响。这一理念强调人类活动应当遵循自然规律,保护生态环境,实现人与自然的和谐共生。"万物并育"则体现了中华文明对生物多样性、文化多样性和文明多样性的尊重与包容。它倡导各种生命形式、各种文化观念、各种发展道路可以并行不悖、相互滋养、共同繁荣。在当今世界面临气候变化、生物多样性丧失等重大生态挑战之际,它鼓励人们探寻一条既能满足人类需求又能兼顾生态系统健康发展的新型现代化路径。由此所展现出的和平性，绝不局限于人与自然的和谐关系，更涵盖了社会关系与国际关系的和谐构建。这促使中华民族在处理内外事务时，倡导和平共处、共同发展，反对强权政治和零和博弈，主张通过对话、协商和合作解决争端。简而言之，"天人合一、万物并育"的理念，不仅为实现人与自然和谐共生的生态文明建设提供了坚实的理论基础，也在促进全球和平与共同发展方面提供了有力的文化支撑和道德导向。通过弘扬这一理念，中华文明对全球和平事业的追求与贡献得到了充分体现，也为中国式现代化进程赋予了深厚的文化底蕴和长远的战略追求。

第一节　天人之际，合而为一

1. 夫大人者，与天地合其德，与日月合其明，与四时合其序，与鬼神合其吉凶。先天而天弗违，后天而奉天时。天且弗违，况于人乎？况于鬼神乎？（《周易·文言传》）

世间是先有天地然后才有万物。因此，在天地之道确立之后，人道才得以生成。《周易》提倡人类应该充分发挥其主观能动性，做到天人之间浑然一体，实现自身与天地的和谐共生。同时，人类应当要修身养性，效法天道，提升自身的道德修养，如此才能达到天人合德。"先天而天弗违，后天而奉天时"，这体现了中国传统文化中天人和谐的思想，展现了古人对人与自然关系的深刻理解。自古以来，中国人便认为天道与人道是相互贯通的，古人将天、人视为一个整体，坚决反对将二者割裂开来的观念与做法。他们坚信，无论个人、家庭还是国家，都应怀着敬畏之心对待天地、遵循天理、顺应天道，以实现天与人之间的和谐协调，达到天人合一的至高境界。

2. 天下莫大于秋毫之末，而太山为小；莫寿于殇子，而彭祖为夭。天地与我并生，而万物与我为一。（《庄子·齐物论》）

道家推崇"道法自然"的原则，强调顺应自然的法则。庄子认为人与自然万物是紧密相连、相互依存的。因此人应当以谦逊的态度来面对自然，与自然和谐相处，而不是试图去征服它。"天地与我并生，而万物与我为一"，这不仅体现了人与自然不可分割的整体性，也强调了人与万物之间地位的平等性。既然人与自然共生共存，就应该将人与自然视为一体，在对待两者时不应该存在偏私之心。天人万物共同存在，彼此之间没有分别和界限。它们遵循着自然的本性，因此也就没有世俗所谓的大小、长短、高下之分。庄子强调天人合一，主张人类与万物和谐相处，遵循自然的规律，达到人与自然的和谐共生的状态。

3. 是故天之道以三时成生，以一时丧死。死之者，谓百物枯落也；丧之者，谓阴气悲哀也。天亦有喜怒之气、哀乐之心，与人相副。以类合之，天人一也。（《春秋繁露·阴阳义》）

董仲舒在儒家思想的基础上形成了他的"天人感应"思想。他认为，尽管人与自然各自拥有其独特的发展规律，但二者在本质上有着共通性，即阴阳五行。他进一步指出天与人实际上是一体的，天也有喜怒之气，哀乐之心，这与人的情感是相对应的。除此之外，董仲舒认为人是天的副本，人的身体、性格特质以及道德行为等方面，都受到了天的影响和启示。他主张，人与自然和谐共生的关键在于顺应自然的发展规律。这种天人合一的思想，蕴含着人与自然和谐共生的价值理念，为后世人们更好地认识自然、尊重自然提供了新的思路，也为人们解决现存的环境问题，促进可持续发展提供了先人智慧。

4. 物莫不有凡号，号莫不有散名，如是。是故事各顺于名，名各顺于天。天人之际，合而为一。（《春秋繁露·深察名号》）

"名实"关系指事物的存在与其名称之间必须存在本质上的对应和一致，每个事物都有其固有的属性和特征，应通过恰当的名称来体现这些本质，从而确保名称与事物实体的相符。因此，正确地认识和命名事物，实际上是对自然秩序和社会秩序的尊重和遵循。另外，"天人合一"观念主张宇宙间的自然规律、人类社会的伦理道德以及个人内心的德性修为是相互关联且统一的整体。"天"不仅是自然界，更是包涵了宇宙普遍规律和道德价值源泉的抽象概念。倡导"天人之际，合而为一"，就是要在认知和行为上达到人与自然环境、社会规范以及内在精神世界的和谐共生，使得人类活动的一切规则、制度乃至思想观念都顺应宇宙的根本法则，实现内外兼修、天人和谐的理想状态。

5. 儒者则因明致诚，因诚致明，故天人合一，致学而可以成圣，得天而未始遗人。（《正蒙·乾称》）

这段话深刻反映了儒家修身思想的一个重要维度，即通过追求学问以增进诚信品质和对真理的理解，进而达到内心的清明。儒家认为，个体的修养过程是一个逐步净化心灵、提升道德境界的过程，最终目标是实现个人与宇宙秩序的完美融合，即"天人合一"。儒家修身不只是对个体道德品质的要求，还包含了对宇宙、自然与人类社会之间内在联系的深刻洞察。通过不断地自我反省和完善，人们不仅可以培养出符合天道伦理的品格，而且能够将这种理解和感悟落实到实际生活中，促进人与自然、社会的和谐共处。这一传统智慧在今天仍然具有极高的现实意义，敦促我们在面对生态环境问题时，积极秉承和发扬"天人合一"的理念，以可持续发展的理念处理好人与自然的关系，实现真正的和谐共生。

6. 天覆地载，万物悉备，莫贵于人。人以天地之气生，四时之法成。君王众庶，尽欲全形，形之疾病，莫知其情，留淫日深，著于骨髓。（《黄帝内经·素问》）

《黄帝内经》作为中国最早的医学典籍，其提倡的养生观念当中也蕴含着天人合一的思想。"人以天地之气生，四时之法成"，这一观点表明了人无法脱离自然而独立存在。人类作为自然界的一部分，其生存和发展都与自然环境息息相关。因此，无论上至天子君主，还是下至百姓平民，他们的生命活动均受到天地之气的滋养。与此同时，他们也必须遵循四时阴阳的变化规律来生活，这强调了人与自然界之间的和谐统一。"智者之养生也，必顺四时而适寒暑"，古人十分重视养生之道，认为必须顺应自然时节的变化，来调节自己的衣食住行，使之符合四季气候的冷暖更替。这种顺应时节的养生观念，体现了古人通过顺应自然、调节身心，来保持人与自然和谐统一的理念。

7. 春三月，山林不登斧，以成草木之长；夏三月，川泽不入网罟，以成鱼鳖之长。（《逸周书·大象解》）

随着时间的推移，中国古代"天人合一"的思想也得到了深化与完善。为遵循自然规律，实现对自然农业资源的高效合理利用，统治者基于中国传统社会的实际情况，秉持着取之有度、用之有节的原则理念，制定并实施了众多以保护自然资源和生态环境为目的的制度与法令。例如，在大禹时期便出现了明确的生态保护禁令。禁令规定：在春季，为了让树木得到生长，人们不能上山砍伐树木；在夏季，为了保证鱼类生长，人们不能下河捕鱼捉鳖。这类举措旨在保护自然界中生物的正常生长繁衍，促进了人与自然之间的和谐共生。在中国古代的治国方略中，"天人合一"的思想始终占据核心地位。保护草木、鱼鳖生长的这些措施，有效防止了人们对自然资源的过度开发和滥用，确保生态平衡不被打破。

8. 天者，日月星辰之主也；地者，草木山川之主也；人者，夷狄禽兽之主也。主而暴之，不得其为主之道矣。是故圣人一视而同仁，笃近而举远。（《原人》）

韩愈在《原人》中探讨了人与自然的关系。他认为在天、地、人三者之中，天是日月星辰的主宰，地是草木山川的主宰，而人是夷狄禽兽的主宰。这体现了韩愈对于宇宙万物之间关系的理解：人类与天地万物紧密联系。同时，也强调了人类在宇宙间的重要地位。人与自然万物，早已成为了一个不可分割的整体。韩愈将人与天地、日月星辰、草木山川联系起来，把宇宙万物看成一个整体，体现出万物和合共生的态度，展现了一幅和谐的图景。在这其中，万物相互依存。"主而暴之，不得其为主之道矣"，如果人类以暴虐的方式对待天地万物，那么就违背了其为主之道。因此，我们要以平等、博爱的态度对待万物，使人类社会与自然万物共荣共生。

9. 天地之道莫大乎阴阳，万物之灵莫大乎黔首，王政之贵莫大乎安人。故人安则阴阳和，阴阳和则天地平，天地平则元气正矣。是以古先帝代，见人之通于天也，天之应乎人也。（《谏政理书》）

天地间最根本的道理在于阴阳的对立统一，所有生灵中最宝贵的莫过于民众，而王者治国最重要的就是确保民众安宁。当民众生活安定和谐时，阴阳之气也会相应调和，进而使得天地间的秩序得以平衡，宇宙元气得以保持纯净正直。这是古人观察到的人类活动与天地自然之间的互动关系，他们认为人的行为和天象之间存在着相互感应的现象。古人认为，上古时代的圣明君主能够认识到人类活动与天地之道的相通之处，同时也看到自然现象对人类社会活动的响应。他们据此调整国家政策，使社会治理既符合自然规律，又能保障民众福祉，从而实现天地、阴阳、人三者之间的和谐统一，确保社会的正常运行和持续发展。这一理念体现了古代中国哲学中深邃的天人关系学说和以人为本的治国理念。

10. 竭泽而渔，岂不获得？而明年无鱼。焚薮而田，岂不获得？而明年无兽。诈伪之道，虽今偷可，后将无复，非长术也。（《吕氏春秋·孝行览》）

《吕氏春秋》由吕不韦主持编撰。在天人合一的观念框架中，人类不仅仅是自然的一部分，更承担着对自然万物的责任。人类与自然界是一个息息相关的整体，彼此相互依存。草木鸟兽虽然能够自行繁衍生息，但自然资源并非取之不尽用之不竭。因此，人们必须了解万物生长的自然规律，做到取之有度、用之有节，如此方能使万物丰长，从而维护生态平衡。"竭泽而渔""焚薮而田"这种为了短期的利益而采取的极端破坏行为，虽然会暂时获得收益，但从长远角度来看，这种做法并不可取，最终会对生态环境造成无法挽救的破坏，导致资源的枯竭，造成"明年无兽"的局面。总的来说，人类的行为应当尊重自然规律，以达到人与天地万物和谐共生的境界。

11. 故先王之法，畋不掩群，不取麛夭；不涸泽而渔，不焚林而猎；豺未祭兽，罝罦不得布于野；獭未祭鱼，网罟不得入于水；鹰隼未挚，罗网不得张于溪谷；草木未落，斤斧不得入山林；昆虫未蛰，不得以火烧田。（《淮南子·主术训》）

在两汉时期，合理利用自然资源的策略在《淮南子》中得到体现。书中阐述了如何根据不同的地点和情况，因地制宜发展农林渔牧业。"不涸泽而渔,不焚林而猎",这些做法不是阻止人类开发利用自然资源,而是强调在开发过程中要遵循自然规律,不肆意破坏生态。通过合理地利用资源,在索取的同时,有效保护环境,实现永续发展。与之相类似,"子钓而不纲,弋不射宿",也体现出了孔子这种对自然的保护意识。孔子在进行渔猎活动的时候,选择垂钓而非用渔网大量捕捞,这样的行为满足了自身需要的同时,也给了自然喘息的机会,实现了对自然资源的保护。如今,我们在满足发展需求的同时,也要始终秉持天人合一的观念,深刻认识到人类与自然环境的紧密联系。

12. 草木荣华滋硕之时,则斧斤不入山林,不夭其生,不绝其长也;鼋鼍、鱼鳖、鳅鳝孕别之时,罔罟毒药不入泽,不夭其生,不绝其长也。(《荀子·王制》)

荀子意识到动植物的生长发育有其特定的自然规律。他强调,人类向自然索取时,必须恪守"不夭其生,不绝其长"的原则。在植物处于生长发育的关键时期,人类应该停止砍伐。在鼋鼍、鱼鳖、鳅鳝的繁殖季节,不使用网具和毒药来捕杀它们,给予这些动植物充足的生长空间。自古以来,中国人就持有对自然万物适度取用的观念。在利用自然资源的同时,避免过度索取。这种保护生物繁衍生息、顺应其自然生长规律的做法,也给它们留下休养生息的机会,从而维护了良好的生态平衡。

唯有尊重自然规律，取之有度，用之有节，才能有效保护生态环境。无论古今，在生态问题上，人类唯有依靠理性控制住索取无度的贪欲，才能保障万物生生不息、繁荣发展。

第二节　天地中和，化育万物

1. 唯天下至诚，为能尽其性；能尽其性，则能尽人之性；能尽人之性，则能尽物之性；能尽物之性，则可以赞天地之化育；可以赞天地之化育，则可以与天地参矣。（《礼记·中庸》）

《中庸》是儒家经典著作。其开篇第一句"天命之谓性"，便将天与人相联系，天道和人道相贯通。儒家强调仁爱之心，讲究广泛施爱于亲人、族人乃至世间所有人，对动物保有怜悯、不忍之心，对自然持有感恩、珍视之情。"唯天下至诚，为能尽其性"，只有达到至诚才能尽万物之性，才能尽人之性。"能尽物之性，则可以赞天地之化育"，当我们能够充分了解和发挥万物的本性时，就可以参与到天地化育万物的过程中。如此一来，当人们能够帮助天地化育万物时，便可以与天地并列，达到天人合一的境界。这种天人合一的思想，是儒家思想的重要组成部分。它强调了人与自然之间和谐共生的关系，提醒我们要尊重自然、顺应自然、保护自然。

2. 凡人之生也，天出其精，地出其形，合此以为人。和乃生，不和不生。（《管子·内业》）

这句话深刻阐述了人的生命起源与天地相关。在回答人是如何产生的这一问题时，管子认为人类的生命是由天地相结合而产生的。天赋予人精气，地赋予人形态，精气与形态相结合才形成了人，因此是天地化育了人类。"和乃生，不和不生"，强调了和谐的重要性。只有当这种结合达到和谐状态时，生命才能得以维持和发展，如果天地之间的和谐被破坏，那么生命也将不复存在。同样，如果人类社会的和谐被破坏，那么人类的生存也将受到威胁。因此，保持和谐对于生命延续和社会的发展都是至关重要的。这里所提到的"和"代表着一种平衡、协调的状态。管子的这一看法，体现了人类与自然之间的和谐统一的状态，以及古人天人合一的思想。

3. 咸，感也。柔上而刚下，二气感应以相与。止而说，男下女，是以亨，利贞，取女吉也。天地感而万

物化生，圣人感人心而天下和平。观其所感，而天地万物之情可见矣。（《周易·咸》）

"天地感而万物化生"体现了天道生生不息、阴阳相合相生的理念，这一原理不仅适用于自然界生命的产生与发展，也被引申至社会伦理与治理方面。"圣人感人心而天下和平"则强调了领导者或者道德楷模的社会作用，他们通过自身对道德法则的遵循和对人心的体察，进而引导民众顺应天道，促进社会和谐稳定。这种观点倡导的是社会治理应当遵循自然规律，同时注重人与人之间的情感沟通和道德教化，以此构建和谐共生的社会秩序。中国传统哲学主张人与自然是不可分割的整体，人类社会的建设和管理应当借鉴并顺应自然界的和谐之道，以实现人与自然、人与社会以及人与人之间的和谐共处。这一理念在当今生态文明建设及可持续发展等方面仍然具有重要的现实意义和指导价值。

4. 列星随旋，日月递照，四时代御，阴阳大化，风雨博施，万物各得其和以生，各得其养以成，不见其事而见其功，夫是之谓神。（《荀子·天论》）

这段话构成了荀子自然观的理论核心。在他的观念里，尽管天地间的万物千差万别，却都是各自因"和"而生。天下万物得到各自的和气而生成，得到各自的滋养而生长，强调了万物与自然和谐共生、相互依存的关系。这种和谐与平衡，是自然万物得以生存的基础。每个生命都有其独特的生长之道，但是假如没有"和"，天下万物都无法得到滋养。"列星随旋，日月递照"，描绘了宇宙间星辰运转、日月交替的自然现象。荀子认为，宇宙万物都是在自然规律的作用下得以存在和发展的。这种对于自然规律的洞察和尊重，体现了荀子对于人与自然之间关系的深刻理解和对自然法则的敬畏。人类也应该顺应这些自然法则，与之和谐相处。

5. 元者，生物之始，天地之德，莫先于此，故于时为春，于人则为仁，而众善之长也。亨者，生物之通，物至于此，莫不嘉美，故于时为夏，于人则为礼，而众美之会也。利者，生物之遂，物各得宜，不相妨害，故于时为秋，于人则为义，而得其分之和。贞者，生物之成，实理具备，随在各足，故于时为冬，于人则为智，而为众事之干。（《周易本义·周易上经》）

"元""亨""利""贞"四字被视为卦德，代表了宇宙万物从起源、发展、成功到守成的全过程。"元"喻示着宇宙创生的初始之力，如同春天万物萌发，象征生命力的觉醒和生机勃发。"亨"象征着宇宙的繁荣昌盛阶段，如同夏天万物茂盛生长，体现宇宙间事物相互贯通、和谐共处的状态。"利"代表着生命的成长和收获，如同秋天硕果累累，显示了宇宙间万物各得其所、互利共赢的平衡关系。"贞"寓含着生命的完整与智慧，如同冬天万物收藏储备、静待新生，象征着万物在经历四季轮回之后，实现了内在的充实与智慧的增长。人类的道德修养应当顺应自然规律，与天地宇宙的运行节奏相协调，从而实现人与自然、人与社会、人与人的和谐共生。

6. 易无形埒，易变而为一，一变而为七，七变而为九。九变者，究也；乃复变而为一。一者，形变之始也。清轻者上为天，浊重者下为地，冲和气者为人；故天地含精，万物化生。（《列子·天瑞》）

列子认为"气生万物"。也就是说，气是万物得以生成的质料，它承载并体现了"道"的变化。天地万物从无到有的过程由"气"过渡。"易无形埒"意味着最初的宇宙是无形无象、无边无际的，蕴含着无限可能。"太易""太初""太始""太素""太极"是从无到有的转化，即从无形的道到有形的物的转化。"清轻者上为天，浊重者下为地，冲和气者为人"，描述了天、地、人形成的原理。清轻之气上浮成为天，浊重之气下沉成为地，中和之气便成为人。这句话揭示了天、地、人三者的来源和本质。"故天地含精，万物化生"，所以天地蕴含着精华，万物和人由此化生而成。在古人看来，宇宙是一个有机的整体，天地人三才相互依存，共同构成了这个宇宙。

7. 道生一，一生二，二生三，三生万物。万物负阴而抱阳，冲气以为和。（《道德经·四十二章》）

《道德经》是道家的经典之作，以"道生一，一生二，二生三，三生万物"揭示了宇宙生成的奥秘。这句话不仅描绘了宇宙从无形到有形、从简单到复杂的演化过程，也体现了道家对于生命和宇宙本质的理解。"万物负阴而抱阳"，揭示了万物生长的内在动力和阴阳二气对立统一的关系。生命的根源在于道，而道之所以能孕育万物，是因为其内在包含了阴阳两个相互对立又相互依存的力量，它们之间发生相互作用，最终形成了和谐统一的整体。"冲气以为和"则进一步说明，在阴阳二气相互激荡和交融下，产生了一种新的和谐状态。在中国古代文化中，"和"的理念贯穿于人与人之间的关系，也体现在人与自然之间的平衡。充分理解中国古代的思想家对"和"的论述，有助于我们理解人与人、人与社会、人与自然之间的复杂关系。

8. 天不言而四时行，地不语而百物生。（《上安州裴长史书》）

尽管天地无法言语，但四季更迭、万物生长从未停歇。万事万物都依照着各自的规律如常运转，这些规律自然而然、无法阻挡。老子曾说"人法地，地法天，天法道，道法自然"，这是对宇宙间最本质关系的深刻揭示。在道家观念中，人类活动应该遵循大地的规律，大地的运动受到天的影响，天的变化遵循着道，而道是自然而然的，它遵循天地万物自身运行发展的规律。"地不语而百物生"，一切事物的生长和发展变化都有其内在规律，人类在其现实活动中也必须顺应宇宙万物自然发展的规律。而万物的生存发展，都离不开良好的生态环境。在这个意义上，尊重自然、顺应自然规律不仅仅是一种责任，更是一种智慧。当人实现与自然万物的和谐共生后，才能更好地生存和发展。

9. 德上及飞鸟，下至水虫，草木诸产，皆被其泽。然后阴阳调，四时节，日月光，风雨时，膏露降，五谷孰，祅孽灭，贼气息，民不疾疫，河出图，洛出书，神龙至，凤鸟翔，德泽满天下，灵光施四海。（《汉书·晁错传》）

据《汉书》记载，汉初名臣晁错曾有过关于生态环境保护的言论。他认为帝王的道德影响深远，上至飞鸟，下至水虫草木，都受到其恩泽。道德的力量不仅影响人类自身，还影响到了自然界的所有生物。这种观念体现了天人合一的思想，即人类与自然是一个有机整体，人类的所作所为不仅会影响自身，也会对自然环境产生影响。这表达了一种理想化的政治图景，强调道德和政治的紧密联系。在古代中国，统治者的道德品质被认为是影响国家兴衰的关键因素。"神龙至，凤鸟翔"，晁错通过神龙和凤凰这种象征着吉祥的意象，描绘出了一番和谐景象，表达了古人对于理想政治状态的向往以及和谐自然的追求。

10. 天地之道，虽有不和者，必归之于和，而所为有功；虽有不中者，必止之于中，而所为不失。是故阳之行，始于北方之中，而止于南方之中；阴之行，始于南方之中，而止于北方之中。（《春秋繁露·循天之道》）

董仲舒认为天地之道必归于"和"，世间万物的生长繁衍以"和"作为基础。天地的运行方式、相互作用都遵循着一定原则。这些原则不仅影响着自然界的万物，也影响了人类的生活。"天地之道，虽有不和者，必归之于和"，自然界中虽然存在着差异和矛盾，但这些矛盾最终都会回归和谐。"和者，天之正也，阴阳之平也，其气最良，物之所生也"，揭示了"和"在自然界和万物生成过程中的核心地位。在董仲舒看来，这种和谐状态对于自然界和人类社会有着积极的意义。只有在和谐的状态下，事物才能保持其生机与活力，万物才能得以生长繁衍。因此，无论是在人类生活还是在社会治理中，我们都应该追求和谐之道，以实现社会进步和生态保护的双赢。

第三节　民吾同胞，物吾与也

1. 乾称父，坤称母；予兹藐焉，乃混然中处。故天地之塞，吾其体；天地之帅，吾其性。民，吾同胞；物，吾与也。（《正蒙·乾指》）

北宋理学家张载提出了"民胞物与"这一命题。这是对孟子"仁民爱物"思想的进一步拓展和深化。它不仅强调人类之间的深厚情感纽带，更将仁爱的范围扩大至自然界的万物。凸显了人类与宇宙万物的紧密联系和相互依存的关系，体现了天人合一的精神。"民吾同胞"，人民百姓是我同胞的兄弟姊妹，彼此间应当相互扶持、和睦共处。"物吾与也"，宇宙万物皆是我的同类，而不仅仅是满足人类需求的工具或资源。这一思想将道德关怀延伸到了宇宙中的万物，将人与人、人与自然之间的关系进行升华。在这样的理念下，万物共生共存，人类与自然之间不再是简单的征服关系。民胞物与的思想中蕴含的人与自然和谐共生的理念，也为现代社会提供了重要的价值导向。

2. 圣人之求尽其心也，以天地万物为一体也。吾之父子亲矣，而天下有未亲者焉，吾心未尽也；吾之君臣义矣，而天下有未义者焉，吾心未尽也；吾之夫妇别矣，长幼序矣，朋友信矣，而天下有未别、未序、未信者焉，吾心未尽也。（《重修山阴县学记》）

在中国传统文化中，人与天地万物被看作是一个和谐共生的整体。"夫人者，天地之心，天地万物，本吾一体者也"，人类与自然界中的其他生物和物质并不是彼此孤立存在，而是息息相关、紧密相连的。天地化育万物，因此人不是超越自然的存在，而是处在一个由人与世间万物共同构成的有机整体之中。在这种观念的指导下，人所关爱的对象不再局限于人类自身，还包含虫鱼鸟兽、草木瓦石等天地间的万物。这种关怀不仅仅是情感上的表达，更是一种责任感的体现。"圣人之求尽其心也，以天地万物为一体也"，圣人将天地万物视为一个整体，最终达到天人合一的境界。以王阳明为代表的新儒家，强调人与万物共荣共生，提醒人类要承担起对自身、自然的责任。

3. 以道观之，物无贵贱；以物观之，自贵而相贱；以俗观之，贵贱不在己。以差观之，因其所大而大之，则万物莫不大；因其所小而小之，则万物莫不小；知天地之为稊米也，知毫末之为丘山也，则差数睹矣。（《庄子·秋水》）

庄子的思想中蕴含着"天人合一"的生态理念。他认为，道是宇宙万物的根本，是万物存在与发展的基础，万物都是由道生成。因此从根本上说，它们是和谐统一的。"以道观之，物无贵贱"，在庄子看来，既然人与万物都是"道"的产物，那么它们之间的地位是平等的。这种平等性不仅体现在"物无贵贱"的观念上，更要求人类不应将自身凌驾于自然之上，要求人类与万物之间相互尊重与和谐相处。"道生之，德畜之，物形之，势成之。是以万物莫不尊道而贵德。"万物都是由"道"所生，由"德"所养的。道与德对万物的化育与畜养，并非强行干预，而是顺其自然。在道家的观念中，万物本就一脉相承、同气连枝。这种对宇宙万物一视同仁、不分贵贱的态度，应当继续得到发扬。

4. 质于爱民，以下至于鸟兽昆虫莫不爱。不爱，奚足谓仁？（《春秋繁露·仁义法》）

董仲舒的思想中包含着"泛爱群生"的观念。他继承了先秦儒家的"仁"的思想观念，并将仁爱的对象扩大至世间万物。他认为只有广泛地爱护一切生物才是仁，仁不仅是爱人类，也包括爱鸟兽昆虫。同时，他强调要保护资源、顺应自然。"恩及草木，则树木华美，而朱草生，恩及鳞虫，则鱼大为，鳣鲸不见，群龙下。"施恩于自然万物，则万物繁荣共生，世间一片祥和。董仲舒的仁爱观中包含着天人合一的思想，强调顺应天时地利人和，包含着对于自然万物的尊重和仁爱。这些思想体现了先贤爱惜万物的美好品质，也对各国共同建设人与自然和谐共处的世界具有重要的借鉴意义。

5. 仁者，以天地万物为一体，莫非己也。认得为己，何所不至？若不有诸己，自不与己相干。如手足不仁，气已不贯，皆不属己。故"博施济众"，乃圣之功用。（《河南程氏遗书·卷二》）

程颢明确地提出了"仁者，以天地万物为一体"的命题。这一观点与"仁者浑然与物同体"的思想相呼应，表明了程颢对天地万物的理解。仁者，视天地万物为一体，将自身与宇宙万物紧密联系在一起，视天地万物等同于自身，以平等的眼光看待万物。世间万物皆息息相关、浑然一体。按照这种理解，人与天地万物之间建立了一种休戚与共的关系，彼此相互依存，形成了一个整体。这种观念与张载"民胞物与"的理念不谋而合，都强调了人与自然之间紧密相连、平等和谐的关系。从人际关系的角度看，以天地万物为一体的理念要求人们以仁爱之心平等对待他人。从人与自然的关系上来说，这种理念倡导人们尊重自然规律，保护生态环境，最终实现人与自然和谐共生。

6. 大人者，以天地万物为一体者也，其视天下犹一家，中国犹一人焉。若夫间形骸而分尔我者，小人矣。大人之能以天地万物为一体也，非意之也，其心之仁本若是。（《大学问》）

《大学问》是王阳明晚年的著作。大人，是指那些道德高尚的人。"其视天下犹一家，中国犹一人焉"，在"大人"看来天下犹如一家，天下之人犹如一人。这是因为他们保有"仁心"，这种仁心使他们能够与天地万物融为一体。"是故见孺子之入井，而必有怵惕恻隐之心焉"，仁心使他们对别人的遭遇也能做到感同身受、将心比心。"见鸟兽之哀鸣觳觫，而必有不忍之心焉"，仁心使人与鸟兽草木合为一体。这意味着人类的仁爱之心，不仅仅是对他人的关爱，更是对自然界所有生命的尊重和关怀。因此，人类的仁爱之心，自然而然地从爱人延伸到了爱物。这种"万物一体"的思想时至今日依然熠熠生辉，我们仍然可以从古人的生态观念中汲取智慧。

7. 天地之常，以其心普万物而无心；圣人之常，以其情顺万事而无情。故君子之学，莫若廓然而大公，物来而顺应。（《答横渠张子厚先生书》）

程颢认为"理"既是天地万物的内在法则，又是人应当追求的心性修养的目标。当人心能契合于"理"，则能达到"定性"，即内心宁静、顺应自然，与宇宙间的普遍法则融为一体。这一状态不仅体现在对物理世界的认知上，更体现在道德实践和人格完善的过程中。程颢借天地自然的运行规律说明"理"的普遍性和无私性，天地的运作并非有意为之，而是自然而然地承载并滋养万物，这种"无心"恰恰是一种最高的公平和正义，是超越个体情感和意愿的普遍规律。圣人作为道德典范，他们的行为准则同样遵循"理"，他们的情感并不受制于个人喜好，而是始终顺应万物本身的性质和需求。圣人对万物的关怀和帮助，不带丝毫偏爱和私欲，而是依循万物之理，做到恰如其分的引导与支持。

8. 君子之于物也，爱之而弗仁；于民也，仁之而弗亲。亲亲而仁民，仁民而爱物。（《孟子·尽心上》）

孟子提出的"物我一体"思想，强调了人与自然、人与万物之间的内在联系和同源性，认为人的道德情感和道德责任不应仅限于人类社会内部，而是应当扩大为对自然界中一切生命的尊重和爱护。孟子强调，人的道德本性中包含着对宇宙万物的共情与理解，人的道德实践应当涵盖对万物的关怀。因此，他主张"亲亲而仁民，仁民而爱物"，仁爱应层层递进，推己及人，从家庭亲情出发，进而拓展到动物乃至万物。例如，君子看见动物活着的时候会有怜悯之情，不愿见到它们遭受痛苦或死亡，听到动物的声音时，心中会产生不忍食用其肉的情感反应。这种博大的仁爱情怀，不仅有助于个人道德素养的提升，也是构建和谐社会的基础，更是倡导人与自然和谐相处的生态伦理观所需要的。

9. 夫至德之世，同与禽兽居，族与万物并，恶乎知君子小人哉？同乎无知，其德不离；同乎无欲，是谓素朴；素朴而民性得矣。及至圣人，蹩躠为仁，踶跂为义，而天下始疑矣；澶漫为乐，摘僻为礼，而天下始分矣。（《庄子·马蹄》）

论及天人关系，道家主张"顺其自然"。他们认为，万物各有其性，人类应当顺应这种规律，而不是强行干涉。"夫至德之世，同与禽兽居，族与万物并"，这句话超越了世俗的偏见，描绘了一个理想的状态，展现了人与自然和谐共处的画面。在道家"至德之世"的理想状态下万物并育，人类跟禽兽同居，与各种物类共生。此时，人与自然万物保持着一种和谐相处的状态。庄子以此突出人与自然万物不仅是平等关系，同时也能做到和平友好地相处。而达至这种状态的关键就在于人类顺应自然，而不是凌驾于自然之上。庄子认为天人是息息相关的整体，人是自然的一部分。与儒家主张积极改造世界的观念不同，道家更倾向于让人回归自然，如此一来就能实现天人关系的和谐。

10. 凡虎狼之在山林，犹人之居城市。古者至化之世，猛兽不扰，皆由恩信宽泽，仁及飞走。太守虽不德，敢忘斯义。记到，其毁坏槛阱，不得妄捕山林。（《后汉书·法雄传》）

《后汉书》中记载，法雄在南郡担任地方长官时，当地的虎患十分严重。前一任长官曾经发布悬赏鼓励百姓捕捉老虎，结果虎患不但没有消停，反而加剧。法雄到任后，采取了截然不同的策略。他下令拆除捕虎的陷阱，并禁止百姓随意到山林中捕猎。法雄认为"古者至化之世，猛兽不扰，皆由恩信宽泽"，这一禁止捕虎的命令，体现了他对于飞禽鸟兽的深厚仁爱。这种人与万物共荣共生的事例并非仅此一件。建初七年，郡国遭遇螟虫灾害，但中牟县却幸免于难。原因在于，即使是当地的幼童，也怀有仁爱之心，不忍捕捉正在带着雏鸟的野鸡。这充分说明，一个地方的百姓若拥有仁及万物之心，不仅能改善当地的社会环境，还能够对自然环境产生积极的影响。

11. 九江多虎，百姓苦之。前将募民捕取，武吏以除赋课，郡境界皆设陷阱。后太守宋均到，乃移记属县曰："夫虎豹在山，鼋鼍在渊，物性之所托。故江、淮之间有猛兽，犹江北之有鸡豚。今数为民害者，咎在贪残居职使然，而反逐捕，非政之本也。坏槛阱，勿复课录，退贪残，进忠良。"后虎悉东渡江，不为民害。

(《风俗通义·宋均令虎渡江》)

九江多虎,百姓深受其苦。前后两任官员对于虎患问题的不同应对策略,展现了人与自然共荣共生的执政理念对地方治理的重要性。九江地区的虎患,实质上是人与自然关系的失衡。前任官员采用捕杀的方式,试图以这种措施解决问题,但结果并不理想,反而加剧了虎患。宋均的做法则截然不同。他不仅毁坏捕虎的陷阱,还提出"故江、淮之间有猛兽,犹江北之有鸡豚"的观点,认为猛兽害人是由于官吏贪婪所致。这种认识,体现了他对人与自然关系的深刻理解。他相信,通过改善官吏的品行,推行德政,能够从根本上解决虎患问题。最终,虎患得到了有效控制,猛虎不再扰民。这充分证明了因天性使然,世间万物都各有其独特的生活规律,人并非万物主宰,只有尊重自然才是最好的应对之法。

12. 仲尼之畜狗死,使子贡埋之,曰:"吾闻之也,敝帷不弃,为埋马也。敝盖不弃,为埋狗也。丘也贫,无盖,于其封也,亦予之席,毋使其首陷焉。"
(《礼记·檀弓下》)

儒家认为动物和人一样是有生命的,应该受到人的爱护和尊重。"君臣也,夫妇也,朋友也,推而至于鸟兽草木也,而皆有以亲之",无论是君臣、夫妇、朋友,还是鸟兽草木,人都应该一视同仁地以亲近友好的态度去对待,这种对万物的关怀之情体现了儒家"仁爱"的思想。而尊重动物生命不仅仅是在它们活着时予以善待。孔子曾说："丘也贫，无盖，于其封也，亦予之席，毋使其首陷焉。"孔子养的狗死了，虽说家里穷，也要在用土封埋它的时候，给它盖上席子，体现了孔子对动物的爱护之心，即使是对已死的动物也给予了相应的尊重。人们应该将对同类的关爱和亲近推及到自然界的一切生命，古人的这种思想，体现了人与自然和谐共处的理念。

13. 目无体，以万物之色为体；耳无体，以万物之声为体；鼻无体，以万物之臭为体；口无体，以万物之味为体；心无体，以天地万物感应之是非为体。（《传习录》）

王阳明的这一论述正是对他心学思想中关于心物关系的深刻表达。他通过描绘感官与外部世界的关系，指出人的感知体验并非孤立于外界事物，而是与万物紧密相关的。在他看来，无论是五官的感觉还是心的判断，都是与外界事物相互作用、相互感应的结果，这就否定了心或感官独立于外物存在的可能性。"心外无物"意味着心与物是不可分割的整体，万物的呈现和意义都离不开心的觉知与理解。同时，"心即是理"则主张心内自有道德法则，即良知，它是理解并应对万物的内在标准，这种良知与天理是相通的。王阳明强调的"天人合一"，是指人的心性与宇宙的本原是一体的，人的心灵活动与自然界的变化规律相一致，人应当通过内心的修养，实现与自然、与社会、与道的和谐统一。

14. 天地之间，非独人为至灵，自家心便是草木鸟兽之心也，但人受天地之中以生尔。①（《河南程氏遗书·卷一》）

在程朱理学中，尽管没有明确倡导所有生物完全意义上的平等，但他们的确认识到一切事物皆源于"理"，并且"理"赋予万物各自的生命和特性，包括人在内的所有生物都有其存在的意义和价值。程颢曾经提出"仁者，与天地万物为一体"的观念，这暗示了一种超越人类中心主义的生态伦理观。在他们的理气论框架下，尽管"气"有清浊、正偏之分，导致了万物形态各异、功能不同，但这并不否定万物内在的同一性，即都源自相同的宇宙本体"理"。他们的观点虽然更侧重于从道德和形而上学层面阐述人与自然的关联，强调人应当按照天理行事，遵循自然规律，但在这样的思想脉络中，可以引申出对生态环境和生物多样性的尊重，以及人与自然和谐共处的理念。

第八章
交通成和、协和万邦的社会理想

　　天下大同是中华传统文化中的核心理想之一，它勾画了一幅天下一家、人人为公的和谐社会景象。这一理念最早可见于儒家经典《礼记·礼运》中的"大道之行也，天下为公"，表达了一种以公共福利和普遍正义为核心的社会理想状态。明末思想家们强调"天下非一家之私"，将"天下为公"的精神转化为每一个公民的社会责任，强化了个人在国家兴衰中的道德担当。康有为在其著作《大同书》中进一步探讨了如何通过制度改革和社会重构，实现一个没有剥削压迫、人人自由平等的"大同世界"。"协和万邦"这一理念同样体现了中华文明追求和平共处、尊重差异、和谐共生的价值观，它主张不同国家、地区之间应该以和为贵，通过相互尊重、协商合作来达到共同繁荣的目标。这一思想在古代就被视为国家治理和外交关系的理想原则，对于当今构建全球治理体系、推动构建人类命运共同体仍然具有重要的指导意义。总之，"天下大同""协和万邦"等理念在中华文化中占有举足轻重的地位，它们不仅成为了激励每个中华儿女完善自我、服务社会、追求人类共同福祉的重要精神支柱，也指引着中国在处理国际事务时坚持以和平、合作、共赢的外交方针，为构建更加公正合理的国际秩序贡献智慧和力量。

第一节　独学无友，和融致远

1. 发然后禁，则捍格而不胜；时过然后学，则勤苦而难成；杂施而不孙，则坏乱而不修；独学而无友，则孤陋而寡闻；燕朋逆其师；燕辟废其学。此六者，教之所由废也。（《礼记·学记》）

中华文明绵延不绝、历久弥新。与历史长河中那些昙花一现的文明相比，中华文明能够持续五千多年，并不断更新发展，其根本原因在于中华民族始终秉持开放的态度，积极吸纳世界各国优秀文化。"独学而无友，则孤陋而寡闻"，这句话深刻揭示了文明应该做到兼收并蓄、开放包容，而不能一味守旧和封闭。如果固步自封，最终将不可避免地走向衰败甚至消亡。在中国，自古以来无论是个人层面还是国家层面，一直推崇相互学习和友好交流。而"一带一路"倡议的提出，更是搭建起世界上范围最广、规模最大的国际交流与合作平台，为各国提供了宝贵的互学互鉴机会。我们始终相信，只有始终保持开放的态度，才能实现真正的互利共赢，推动人类文明不断进步。

2. 以能问于不能，以多问于寡；有若无，实若虚，犯而不校。昔者吾友尝从事于斯矣。（《论语·泰伯》）

"以能问于不能，以多问于寡"，仅凭数语就表现出颜回虚心请教、孜孜不倦的好学品质。从学习层面来看，真正的智慧在于谦逊，在于不耻下问。一个人若想真正获得知识，就必须保持谦逊，主动向他人请教，不断与他人交流，这样才能实现真正的进步。这种虚心好学的品质，同样适用于社会发展这一宏大命题。从社会层面来看，对于一个国家来说，如果想发展壮大，就必须主动敞开国门，积极与其他国家进行交流互鉴。只有通过与不同文化、思想的碰撞与交流，我们才能在对外传播中国智慧的同时汲取各国的长处，弥补自身的短处，从而推动全人类的进步。因此，无论是个人还是国家，我们都应该秉持这种虚心请教、好学不倦的精神，持续学习、深化交流，最终实现共同进步。

3. 三人行，必有我师焉，择其善者而从之，其不善者而改之。（《论语·述而》）

在中华传统文化中，一直提倡在人际交往过程中应秉持谦虚、开放、友善的态度。"三人行，必有我师焉"，这不仅是一种个人修养和智慧的体现，更是中国古代交往之道的核心所在。我们重视人与人之间的相互学习，"择其善者而从之，其不善者而改之"。通过学习他人的优点和长处，不断提升自我，对照他人的短处改正自己的缺点，最终实现个人的进步和社会的发展。这种交往之道在国际层面也同样适用。只有通过与别国的深入交流与学习，我们才能不断增强本国的实力。历史上，中国古代的外交使节在出使他国时，总是秉持着以和为贵的理念，尊重他国的文化和传统，虚心学习其长处，以推动本国的进步与发展。这种开放包容、虚心好学的态度，是中华民族一以贯之的优秀品质。

4. 丽泽，兑；君子以朋友讲习。（《周易·兑》）

君子看到两泽相连、两水交流的卦象，从而广交朋友、广泛交流。朋友之间通过互相的讲习与分享，可以不断丰富彼此的知识与见解。而国家间则可以通过加强沟通与协作，共同前进、促进发展。对国家而言，开放带来进步，封闭自大必然落后。中华民族自古以来，便秉持开放包容的对外交往态度，不搞闭门造车、固步自封那一套。中国对外的交流互鉴不局限于文化，更包含在科技、教育、经济等各领域的沟通合作。历史上，丝绸之路的开辟便是中国积极开展对外交往的例子。它不仅促进了东西方之间的商贸往来、推动了各地区经济的繁荣与发展，更在文化交流、技术传播等方面发挥了重要作用，使得各国的优秀成果得以交融与互鉴，为人类文明的进步作出了巨大贡献。

5. 君子之学必好问，问与学，相辅而行者也。非学无以致疑，非问无以广识。（《问说》）

君子之学必好问的精神，根植于中国传统文化的土壤中，同时这也是中国传统对外交往之道的一种体现。君子在求学的过程中，始终保持着"敏而好学，不耻下问"的谦逊态度，虚心请教他人。通过与他人的互相交流，增加了自身的知识储备。这种精神与中国传统对外交往之道有着异曲同工之妙。在对外交往方面，中国始终坚守着友好、开放的原则，愿意与其他国家展开深入的交流。这种对外交往的态度，不仅体现了中国的开放与包容，更展现了中国的智慧与担当。中国深知，只有通过互相学习、通力合作，才能达到共赢的目的。因此，君子之学的精神与中国传统对外交往之道在本质上是一致的，二者都强调了开放、谦逊、交流的重要性。

6. 天地交而万物通也，上下交而其志同也。（《周易·泰》）

交往是人类社会中不可或缺的一部分。"天地交而万物通也"，这句话虽然说的是天地之间的阴阳交合，但同样适用于人与人之间的交往。在人际关系中，交流的重要性不言而喻。无论是家人、朋友还是同事之间，有效的沟通可以增进彼此的理解，减少误解，从而建立更加和谐的人际关系。"上下交而其志同也"，君臣上下进行交流沟通，方能达到志同道合的目的，这种思想延伸到国际关系间亦是如此。如今，世界各国之间相互依存的程度不断加深，只有通过加强合作、畅通交流，才能共同维护世界的和平与发展。回顾历史我们可以发现，在国际交往中，谋求共同发展、实现共同利益是根本之道。不断深化交流合作，才能实现共同繁荣的目的，推动人类社会不断向前发展。

7. 善学者，假人之长以补其短。（《吕氏春秋·孟夏纪》）

善于学习的人，可以通过学习他人的长处来弥补自己的不足。古人认为，通过人与人之间的互相学习、相互交流，可以使自身完备。这一"善学"理念不仅适用于个人的学习成长，也同样适用于国与国之间的交往。一个国家若要行稳致远，就必须成为一个"善学者"。"假人之长"就是要虚心学习，各国都有其独特的优势与长处，因此要积极开展对外交流，汲取其他国家的成功经验与智慧。"以补其短"则强调了自我完善的重要性。在借鉴他人之长处的同时，要审视自身的短板与缺陷，通过不断改革与创新，最终实现自我超越，这样才能不断提升国家的综合实力。如果固步自封只会让国家错失发展机遇，而主动对外开放、深入交流合作则能迎来更多的机遇。

8. 送客南昌尉，离亭西候春。野花看欲尽，林鸟听犹新。别酒青门路，归轩白马津。相知无远近，万里尚为邻。（《送韦城李少府》）

该诗是唐代诗人张九龄在洪州任职期间，为送别挚友所作。这首诗展现了友情的深厚与坚韧。"相知无远近，万里尚为邻"，诗中呈现的这种跨越地域阻隔的友情观念，说明了真正的友谊不会因为距离而产生隔阂，只要彼此双方相互交心，即使相隔万里仍可以如同邻居一般亲近。这种超越时空的真挚友情，体现了中国古代文人的情怀。诗中所体现的这种观念，不仅适用于个体之间的交往，更可为现代国际互动提供借鉴。在现代社会，国际交往日益频繁，虽然国与国之间的距离有远有近，但只要各国在平等、尊重的基础上，秉持着相互了解、相互尊重的态度广泛开展交流与合作，不因地域、文化、政治制度的差异而产生隔阂，万众一心，就能携手构建一个同舟共济的美好社会。

9. 司马牛忧曰："人皆有兄弟，我独亡。"子夏曰："商闻之矣：死生有命，富贵在天。君子敬而无失，与人恭而有礼，四海之内，皆兄弟也。君子何患乎无兄弟也？"（《论语·颜渊》）

司马牛在《论语》中的这则对话，生动反映了儒家对于人际关系深刻的理解和理想化的人际交往原则。司马牛虽非独子，但由于与其兄弟之间存在分歧或对其兄弟行为不满而产生的情感疏离，使得他在情感上感到孤独无兄弟。子夏作为师兄弟，用儒家的教诲来安慰司马牛，指出真正的情谊和亲如兄弟的关系并不完全依赖于血缘纽带，而是取决于个人的品德修养和待人接物的态度。这一观念超越了家庭和宗族的狭隘界限，倡导普世的人类和谐共处之道。将这一理念投射到现代社会和国际关系层面，意味着在全球化的背景下，各个国家应当摒弃狭隘的民族主义和零和思维，通过开展国际合作，增进了解、扩大共识，共同构建人类命运共同体，才能实现全球范围内的和谐共生。

第二节　和衷共济，命运与共

1. 视人之国，若视其国；视人之家，若视其家；视人之身，若视其身。（《墨子·兼爱中》）

墨子是春秋战国时期伟大的思想家，他是墨家学派的创始人，"兼爱"是其思想的核心。在墨子看来，如果对待其他人的国家、家庭、身体，能做到就像对待自己的一样，那么就能实现父慈子孝、兄友弟恭，人与人之间不互生怨恨，国与国之间不发起战争。这使得人、家、国三者都能够紧密地凝聚在一起，体现了"和"的思想。尚和，是中华民族一以贯之的理念，在当今仍然具有重要价值。如今我们生活在一个多元化的世界中，不同国家、不同文化、不同信仰的人们共同构成了这个世界。墨子将爱看作一种无差别的情感，如果人们能够做到像墨子所倡导的那样，以无差别的爱去尊重、理解他人，那么我们就能够超越种族、国家、文化的差异，共创一个更加和谐包容的世界。

2. 四海之内若一家，故近者不隐其能，远者不疾其劳，无幽闲隐僻之国，莫不趋使而安乐之。夫是之谓人师，是王者之法也。（《荀子·王制》）

荀子认为，要想治理好国家离不开切实有效的"王者之法"。执政者唯有施行仁政，才能营造出"四海之内若一家"的和谐氛围。中华民族历来讲求天下一家，将整个世界看作一个大家庭，不分远近，不论亲疏，共谋发展。这种观念超越了地域和文化的限制，强调了世界的整体性。在这样一个大家庭中，每个人都应该发挥自己的才能，为整个社会的福祉做出贡献。无论是近在咫尺的邻里，还是远在天边的异国人，每个人都应该被平等对待，不应对他人采取孤立或排斥的态度。荀子的这一思想，放到现代社会中也同样适用。人类生活在同一个家园，在当今全球化的时代，我们更应该秉持"四海之内若一家"的理念，加强国际合作，共同应对全球性的挑战。

3. 故圣人耐以天下为一家，以中国为一人者，非

意之也，必知其情，辟于其义，明于其利，达于其患，然后能为之。（《礼记·礼运》）

"以天下为一家，以中国为一人"描绘了一种理想的社会状态，即把整个世界看作一个大家庭，将全天下的百姓看作一体。圣人能够做到这一点，并不是随意为之，而是了解情况、通晓大义、明确利益、知悉忧患之后才得出这样的认识。这种理念体现了对社会运行的高度洞察和深刻理解，以及对于社会成员融洽共处的追求。以小见大，这种理念也适用于现代的国际关系问题处理。如果各国站在以世界为一体的角度进行思考，将全世界视为一个整体，把握人类命运共同体意识的时代内涵，就能更好做到以合作共赢为目标，共同应对全球性的风险和挑战。这也要求各国深入了解互相的文化、历史等，以更加开放的态度来推动交流与合作，实现和平发展、共同繁荣。

4. 天下之人皆相爱，强不执弱，众不劫寡，富不侮贫，贵不敖贱，诈不欺愚。（《墨子·兼爱中》）

墨家主张"兼爱""非攻"。墨子认为正是因为人们的自爱自利，才导致了社会上种种问题的产生，致使混乱。"凡天下祸篡怨恨可使毋起者，以相爱生也"，因此只要人们像爱自己一样去爱他人，自觉地做到兼相爱，强大的国家就不会欺凌弱小的国家，人多势众的一方就不会以暴力手段欺压人少势弱的一方，富人不欺辱穷人，尊贵的人不会傲慢自大，狡诈的人不会欺骗愚笨者。如此一来各个阶级、阶层之间就能做到和谐相处。人与人之间的关系和睦，国与国之间的关系也就能和谐。墨子的兼爱思想不仅为中国古代提供了宝贵的思想指引，也为现代国际社会提供重要的思想资源。它提醒世界各国不要走霸权主义的道路，尊重其他国家，方能赢得他国的尊重。

5. 今天下无大小国，皆天之邑也。人无幼长贵贱，皆天之臣也。此以莫不犓羊、豢犬猪，絜为酒醴粢盛，以敬事天，此不为兼而有之、兼而食之邪？天苟兼而有食之，夫奚说以不欲人之相爱相利也？（《墨子·法仪》）

在墨子看来，国家无论大小，人无论长幼贵贱，均受天统辖，所有人都应该被平等对待。墨子认为上天是有自己的意志的，如果人们能够以天的视角俯瞰世间，国与国的界限、人与人的差别自会被淡化。墨子的这种观念提供了一个新的视角，让人们能够超越国界，以更加包容、平等和互爱的态度来对待彼此。他以饲养动物、侍奉上天为例，强调了上天希望人们互爱互助。"爱人利人者，天必福之；恶人贼人者，天必祸之"，墨子以上天对待爱人利人者和恶人贼人者的不同态度和做法，进一步说明了人与人之间相爱相利的重要性。墨子用上天的视角，传达了一种平等、互爱、互利的观念，呼吁人们超越国别和等级的界限，以兼爱的态度处理各种关系。

6. 爱人不外己，己在所爱之中。己在所爱，爱加于己。（《墨子·大取》）

春秋战国时期各国互相攻伐，为破解这一混乱局面，墨家提出了"兼相爱"的方法，要求平等互爱、视人如己。"爱人不外己"，爱人源于爱自己，墨子认为每个人都应该平等地受到尊重和爱护。因此，在这个逻辑框架中，爱自己和爱他人并非互相对立，而是相辅相成的。当我们发自内心地关爱、尊重他人时，也会收获同等的回馈，从而形成良性的互动与循环。这种从爱自己出发，逐步扩展至爱他人，最终实现博爱的理念，时至今日仍展现出其价值与光辉。世界各国都有自己独特的优秀传统文化，应当先充分认可自身，方能受到他国的尊重。国家之间的关系也应当建立在平等、互爱和互利的基础之上。这样一来，方能更好实现国际社会的和谐稳定、促进共同发展繁荣。

7. 天下非一人之天下也，天下之天下也。阴阳之和，不长一类；甘露时雨，不私一物；万民之主，不阿一人。（《吕氏春秋·孟春纪》）

《吕氏春秋》书中主张"天下非一人之天下也，天下之天下也"，其中蕴含的社会理想和治国思想与《礼记》

中的"大同"理想相一致，体现了天下为公的理念。天下不是某一个人或某一群体的私有物，而是属于所有人的。在大同社会中，人们共同分享社会的财富和资源，彼此之间相互关爱、相互帮助。"阴阳之和，不长一类；甘露时雨，不私一物"也隐含着平等的理念，它表明自然界中资源的分配是均等的，不会优待、偏袒某一个体。这一理念也可以运用在国际交往中。在国际舞台上，无论国家实力的强弱，各国都应享有平等的权利，承担相应的责任，国际事务的决策应该基于平等协商而非单方面的霸权。发扬中国古代这种一以贯之的"大同"思想，有助于建立公正合理、和谐的国际秩序。

8. 万物得其本者生，百事得其道者成。道之所在，天下归之；德之所在，天下贵之；仁之所在，天下爱之；义之所在，天下畏之。（《说苑·谈丛》）

《说苑》这部作品集中体现了刘向对儒家思想的传承与发扬。"万物得其本者生，百事得其道者成"这句话，突出了本源和规律在世间万物演化与人类社会发展中起到的关键作用。刘向通过此言传递了儒家重视内在本质、尊重自然规律、崇尚道德伦理的价值观。在儒家哲学中，"本"通常指的是事物的本质和源头，对于自然界而言，即万物生长的内在规律和生命力；对于社会和人来说，则是指人的道德本性，也就是人的善良本心和伦理原则。而"道"则代表了天地间的普遍法则，既包括自然界的规律，也涵盖社会伦理和治国理政之道。在治理国家和社会时，领导者应当以道义为核心，遵循天道，实行仁政，推崇德行，坚持正义，这样方能使国家长治久安、社会和谐稳定、人民幸福安康。

9. 乾：元、亨、利、贞……《彖》曰：大哉乾元，万物资始，乃统天。云行雨施，品物流形，大明终始，六位时成，时乘六龙以御天。乾道变化，各正性命，保合太和，乃利贞。首出庶物，万国咸宁。（《周易·乾》）

《易传》中蕴含了丰富的和合思想。"乾道"即天道，天道的变化创生世间万物，决定着万物各自的品性和禀赋。"太和"即至高的和谐，保持这种和的状态，则世间万物生生不息，天下各国和谐安宁。这种理想的状态，使万物各得其所。而人类应该效仿此法，使自然界和人类社会能够实现和睦共处，使世界各国之间和平共处，最终达至和谐状态。这种尚和的理念，对于现代社会仍然具有重要的启示意义。现如今，我们应该追求社会的稳定，强调以和为贵，加强社会治理，维护社会和谐。如此一来，无论国家大小，均可携手一道促进发展走向繁荣，这也是我国自古以来处理国际关系的准则。在全球化时代，各国应该尊重彼此的主权，共同维护世界的和平与发展。

第三节　大道之行，天下为公

1. 大道之行也，天下为公。选贤与能，讲信修睦，故人不独亲其亲，不独子其子，使老有所终，壮有所用，幼有所长，矜、寡、孤、独、废、疾者皆有所养。男有分，女有归。货恶其弃于地也，不必藏于己；力恶其不出于身也，不必为己。是故谋闭而不兴，盗窃乱贼而不作，故外户而不闭。是谓大同。（《礼记·礼运》）

中国古代关于大同理想的描述最早见于《礼记》。孔子所描绘的大同社会，是一个天下为公、讲究诚信、和睦共处的理想社会形态。在这里，人们都为了集体的共同利益而无私奉献。这一理想在礼崩乐坏的春秋战国时期被提出，因此孔子所倡导的大同理想，也是对人我之间、群己之间应有的相处之道的深刻思考。"人不独亲其亲，不独子其子"，他主张人们应以对待家人的态度去对待他人，以对待自己物品的态度去珍惜万物。这种推己及人的态度，正是孔子所期望人们能够持有的处世之道。由此可以看出，对大同社会的憧憬植根于中华民族血脉深处的文化基因里。中华民族历来强调天下一家的理念，主张各国之间和谐共处，追求大道之行、天下为公的美好世界。

2. 克明俊德，以亲九族。九族既睦，平章百姓。百姓昭明，协和万邦，黎民于变时雍。（《尚书·尧典》）

中华民族自古以来就追求和平，拥有协和万邦的宽广胸怀。《尚书》中有所记载，在尧的治理下，百姓们都能够丰衣足食，人人安居乐业。他通过促进家族和睦、统率管理百官和协调邦国关系，实现了社会的和谐稳定。他优待远客、安抚诸侯的治世之道，最终使得四方归顺、天下敬畏。自古以来，中国便倡导友好的对外交往之道，主张与其他国家和睦共处。如今，我们倡议世界各国携手构建人类命运共同体，正是对"协和万邦"这一思想的继承和发展。在当今社会，面对百年未有之大变局，我们也需要通过增进团结、加强理解与合作来应对各种挑战。各国之间秉持着互相尊重、共谋发展的理念，才是正确的交往之道。

3. 大同之世，天下为公，无有阶级，一切平等。(《大同书》)

  从古至今，和谐社会一直为中华民族所追求。从孔子所倡导的井然有序、人我和谐的世界，到康有为提出的"大同之世，天下为公，无有阶级，一切平等"的社会理想都能深切地体现这一点。康有为的大同思想，主张消除社会中的阶级分化和等级差异，让每个人都有平等地参与社会生活和政治决策的权利。在西方列强对中国发起侵略和剥削后，这种思想的提出无疑源于当时中国社会内忧外患、危机深重的背景下，对公正、平等的社会秩序的强烈渴望。社会的平等公正对国家发展和进步有着举足轻重的作用，应当是所有社会成员的共同追求。因此，只有当我们为实现天下为公的大同之世而不懈奋斗时，才能使人民的生活更幸福更美好。

4. 土地平旷，屋舍俨然，有良田、美池、桑竹之属。阡陌交通，鸡犬相闻。其中往来种作，男女衣着，悉如外人。黄发垂髫，并怡然自乐。(《桃花源记》)

  《桃花源记》中所描绘的世外桃源，体现了古人对大同社会的向往。在那里，人们过着自给自足、无忧无虑的生活。陶渊明通过渔人的见闻，把现实世界和理想世界联系起来。渔人误入桃花源，见证了那里的宁静与美好。然而，当他离开桃花源，再次回到纷繁复杂的现实世界后，便终生再未寻得返回之法，不得不重新面对现实的种种问题和挑战。这种强烈的对比，使人们能够更加深刻地认识到两种社会生活状态之间的差距，从而引发人们对如何实现大同理想的思考和探索。这也体现了古人对大同社会的追求，在他们心中，远离战火纷扰、没有剥削压迫、人人怡然自乐的生活无比美好，由此也可以看出，中国人自古以来对和谐安定生活的向往。

5. 小国寡民，使有什伯之器而不用，使民重死而不远徙。虽有舟舆，无所乘之；虽有甲兵，无所陈之；使人复结绳而用之。甘其食，美其服，安其居，乐其俗。邻国相望，鸡犬之声相闻，民至老死不相往来。（《道德经·八十章》）

"小国寡民"是老子对于人类社会生活状态的美好构想。在老子所描述的理想国家形态里，百姓人口稀少，怡然自乐，人与人之间和谐相处，国与国之间没有征战。在这个社会中，即使有各种各样的器具却并不使用，人们重视生命而不愿意往远处迁移。虽然有船和车，但人们没有需要乘坐它们的地方；虽然有武器和装备，却没有地方去布阵打仗。百姓生活在这样远离战争和纷扰的社会中，身心得到充分的放松和满足。但在老子所处的现实世界中，人与人、国与国之间往往为了最大程度获取自身利益而导致了许多问题和矛盾的产生。而他所倡导的"小国寡民"，则提醒人们应该回归质朴和本真。

6. 故至德之世，其行填填，其视颠颠。当是时也，山无蹊隧，泽无舟梁；万物群生，连属其乡；禽兽成群，草木遂长。是故禽兽可系羁而游，鸟鹊之巢可攀援而窥。（《庄子·马蹄》）

庄子在《马蹄》篇中描述了一个理想的社会状态。在这里，人们遵循自然规律，过着"织而衣，耕而食"的日子。人类可以牵引着野兽与之同游，也可以爬到树上窥探鸟鹊巢穴而不惊扰它们。老子数次提到"至德之世"，在这样的社会中人与人之间互相亲近，没有党派之争，没有利益冲突，万物和谐共生，虫鱼鸟兽自由自在地生活，草木也保持繁茂生长的状态。文字不仅体现了庄子对理想社会的定义和向往，也体现了他对自然和谐、生态平衡重要性的强调。在这样的社会环境下，百姓远离物质的束缚和琐事的烦扰，享受单纯而纯粹的生活，达到内心的平静和满足。这样一来，不仅个体获得了内心的宁静和生活的幸福，也促进了整个社会的和谐与稳定。

7. 昔先圣王之治天下也，必先公。公则天下平矣。平得于公。尝试观于上志，有得天下者众矣，其得之以公，其失之必以偏。凡主之立也，生于公。（《吕氏春秋·孟春纪》）

吕不韦认为，古代圣明的君主治理天下，一定会先做到大公无私。在他看来，只有公正才能使天下太平，从而实现社会的和谐与稳定。在古代，公正之心贯穿于圣王治理天下的方方面面，包含资源的分配、社会问题的处理以及朝廷官员的选拔任用等等。"公"作为明君治理天下的核心理念，对现代社会同样有着深刻的启示和深远影响。在当今世界，我们面临着诸多挑战和困境，如资源分配不均、社会贫富差距较大等。这些问题的解决措施往往与公正密切相关。因此，我们需要重新审视公正的价值，明确公正是实现社会和谐稳定的关键，而偏私则容易引起混乱。为达到"和"的局面，无论是在个人生活还是在社会治理中，我们都应该效仿古代圣王，秉持公心处理问题。

8. 百万貔貅善守攻，胡尘静扫草茸蒙。威加朔漠龙沙外，人在春台玉烛中。山限华夷天地设，渠分唐汉古今同。圣君贤相调元日，塞北江南文教通。（《宁夏》）

《宁夏》这首七言律诗是明朝孟逵所作，描述了宁夏地区的美景及和谐安定的社会景象。"百万貔貅善守攻"，展现出戍守在宁夏的军队拥有强大的军事实力以及边疆地区的稳固，而"胡尘静扫草茸蒙"则进一步突显了边疆的宁静与和平。这些诗句不仅体现了宁夏地区的地理特色，更展现了其在国家发展中的重要地位。此外，诗人还通过"人在春台玉烛中"和"塞北江南文教通"等句，生动地勾勒出了人民生活和谐安定的场景以及当时文化繁荣发展的景象。这不仅展现了宁夏地区人民的幸福生活，更突显了该地区在文化交流与融合中的重要地位。总而言之，我们可以感受到孟浧对该地风景的赞美，以及他对当时社会繁荣有序、国家和谐安定的赞颂。

9. 曩古之世，无君无臣，穿井而饮，耕田而食，日出而作，日入而息。泛然不系，恢尔自得，不竞不营，无荣无辱。山无蹊径，泽无舟梁。（《抱朴子·诘鲍》）

上文描述了一种理想化的大同社会景象。"曩古之世，无君无臣，穿井而饮，耕田而食"，在这个社会中，没有君主与臣子的区分。人类自给自足，与自然和谐相处，过着简单而淳朴的生活。人们尊重自然规律，与动物和平共处，不破坏大自然原初的状态，最终形成了一种人与自然之间以及人与人之间的和谐关系，这与《桃花源记》中所描绘的景象有异曲同工之妙。"不竞不营，无荣无辱"，在这个社会中，人们心胸开阔，互相之间没有竞争，也没有荣辱的观念，因此无需步步为营，都过着平等自由的生活。葛洪在这段话中描绘的景象，不仅体现了人类对自然的尊重和保护，更展现了古人对于和谐社会的追求和他们对大同社会的向往。

参考文献

[1] 班固. 汉书 [M]. 北京：中华书局，2016.

[2] 陈鼓应. 老子注译及评介 [M]. 北京：中华书局，2009.

[3] 陈鼓应. 周易今注今译 [M]. 北京：商务印书馆，2016.

[4] 陈亮. 陈亮集 [M]. 北京：中华书局，1987.

[5] 陈奇猷. 吕氏春秋新校释 [M]. 上海：上海古籍出版社，2002.

[6] 陈寿. 三国志 [M]. 北京：中华书局，1959.

[7] 陈天祥. 四书辨疑 [M]. 光洁，点校. 北京：中国社会科学出版社，2021.

[8] 陈铁民. 王维集校注 [M]. 北京：中华书局，1997.

[9] 陈子昂集 [M]. 徐鹏，点校. 北京：中华书局，1960.

[10] 程颢,程颐.二程集[M].王孝鱼,注解.北京:中华书局,2004.

[11] 春秋左传正义[M].杜预注,孔颖达疏.上海:上海古籍出版社,1990.

[12] 大学·中庸[M].王国轩,译注.北京:中华书局,2006.

[13] 董仲舒.春秋繁露[M].北京:中华书局,2011.

[14] 杜预.春秋左传集解[M].上海:上海人民出版社,1977.

[15] 范晔.后汉书[M].北京:中华书局,1965.

[16] 葛洪.抱朴子[M].上海:上海书店,1986.

[17] 管子[M].李山,译注.北京:中华书局,2009.

[18] 郭庆藩.庄子集释[M].王孝鱼,点校.北京:中华书局,2016.

[19] 韩愈.韩昌黎全集[M].北京:中国书店,1991.

[20] 汉魏丛书[M].程荣,纂辑.长春:吉林大学出版社,1992.

[21] 何宁.淮南子集释[M].北京:中华书局,1998.

[22] 何晏,邢昺.论语注疏[M].北京:中华书局,2022.

[23] 淮南子[M].陈广忠,译注.北京:中华书局,2012.

[24] 黄怀信,张懋镕,田旭东.逸周书汇校集注[M].上海:上海古籍出版社,2007.

[25] 黄宗羲.黄宗羲全集[M].杭州:浙江古籍出版社,2012.

[26] 黄宗羲.明夷待访录[M].北京:中华书局,1981.

[27] 纪昀.四库全书精华[M].长春:吉林大学出版社,

2009.

[28] 嘉靖宁夏新志 [M]. 管律修, 陈明猷校勘. 银川: 宁夏人民出版社, 1982.

[29] 焦循. 孟子正义 [M]. 沈文倬, 点校. 北京: 中华书局, 1987.

[30] 康有为. 大同书 [M]. 上海: 上海古籍出版社, 2009.

[31] 孔安国, 孔颖达. 尚书正义 [M]. 上海: 上海古籍出版社, 2007.

[32] 孔颖达. 礼记正义 [M]. 上海: 上海古籍出版社, 2008.

[33] 孔颖达. 周易正义 [M]. 上海: 上海古籍出版社, 1996.

[34] 孔子家语 [M]. 王国轩, 王秀梅, 译注. 北京: 中华书局, 2011.

[35] 老子·庄子·列子 [M]. 长沙: 岳麓书社, 2006.

[36] 老子道德经注 [M]. 王弼注, 楼宇烈校释. 北京: 中华书局, 2018.

[37] 黎翔凤. 管子校注 [M]. 北京: 中华书局, 2004.

[38] 礼记 [M]. 胡平生, 张萌译注. 北京: 中华书局, 2017.

[39] 李白. 李太白全集 [M]. 王琦, 注. 北京: 中华书局, 2015.

[40] 李鼎祚. 周易集解 [M]. 王丰先, 点校. 北京: 中华书局, 2016.

[41] 李零. 郭店楚简校读记 [M]. 北京: 北京大学出版社, 2002.

[42] 梁启雄. 荀子简释 [M]. 北京: 中华书局, 1983.

[43] 刘宝楠. 论语正义 [M]. 高流水, 点校. 北京: 中华书局, 1990.

[44] 刘向.说苑校证 [M].向宗鲁,校证.北京：中华书局,1987.

[45] 刘昫.旧唐书 [M].北京：中华书局,2010.

[46] 吕不韦.吕氏春秋 [M].上海：上海古籍出版社,2014.

[47] 墨子 [M].方勇,译注.北京：中华书局,2015.

[48] 全唐诗 [M].彭定求编.北京：中华书局,1960.

[49] 群书治要译注 [M].北京：中国书店,2012.

[50] 邵雍.皇极经世书 [M].上海：上海古籍出版社,2016.

[51] 十三经注疏 [M].北京：北京大学出版社,1999.

[52] 司马迁.史记 [M].北京：中华书局,1982.

[53] 苏舆.春秋繁露义证 [M].北京：中华书局,2019.

[54] 孙武.孙子兵法 [M].北京：中华书局,2011.

[55] 孙希旦.礼记集解 [M].北京：中华书局,1989.

[56] 孙诒让.墨子间诂 [M].北京：中华书局,2007.

[57] 唐钞文选集注汇存 [M].周勋初,编选.上海：上海古籍出版社,2000.

[58] 脱脱.宋史 [M].北京：中华书局,1977.

[59] 王夫之.船山全书 [M].长沙：岳麓书院,2011.

[60] 王利器.文子疏义 [M].北京：中华书局,2021.

[61] 王利器.新语校注 [M].北京：中华书局,1986.

[62] 王守仁.王阳明全集 [M].上海：上海古籍出版社,2011.

[63] 王文锦.礼记译解 [M].北京：中华书局,2001.

[64] 王先谦.荀子集解 [M].北京：中华书局,2016.

[65] 王先慎.韩非子集解 [M].北京：中华书局,1998.

[66] 王象之.舆地纪胜 [M].成都：四川大学出版社,2005.

[67] 尉缭.尉缭子全译 [M].刘春生,译注.贵阳：贵州人

民出版社，1993.

[68] 吴毓江.墨子校注 [M].北京：中华书局，1993.

[69] 吴子·司马法 [M].陈曦，校注.北京：中华书局，2018.

[70] 萧统.文选 [M].上海：上海古籍出版社，1986.

[71] 徐元诰.国语集解 [M].北京：中华书局，2002.

[72] 许维遹.吕氏春秋集释 [M].北京：中华书局，2016.

[73] 荀况.荀子 [M].上海：上海古籍出版社，2014.

[74] 荀悦.申鉴 [M].上海：上海书店出版社，1990.

[75] 杨伯峻.春秋左传注 [M].北京：中华书局，1990.

[76] 杨伯峻.列子集释 [M].北京：中华书局，1979.

[77] 杨伯峻.论语译注 [M].北京：中华书局，2015.

[78] 应劭.风俗通义校注 [M].王利器，校注.北京：中华书局，1981.

[79] 袁行霈.陶渊明集笺注 [M].北京：中华书局，2011.

[80] 增广贤文 [M].李冲锋，译注.北京：中华书局，2022.

[81] 张纯一.墨子集解 [M].成都：成都古籍书店，1988.

[82] 张纯一.晏子春秋校注 [M].北京：中华书局，2017.

[83] 张廷玉.明史 [M].北京：中华书局，1974.

[84] 张载.张载集 [M].北京：中华书局，1978.

[85] 贞观政要 [M].骈宇骞，译注.北京：中华书局，2019.

[86] 朱熹.四书章句集注 [M].北京：中华书局，2016.

[87] 朱熹.周易本义 [M].北京：中华书局，2009.

[88] 朱子语类 [M].黎靖德，编.北京：中华书局，1986.

[89] 庄子注疏 [M].郭象注，成玄英疏.北京：中华书局，2011.